わかる！ポルトガルの
ポルトガル語
基礎文法と練習

カレイラ松崎順子
Junko Matsuzaki Carreira
フレデリコ・ジョゼ・マルティンシュ・カレイラ
Frederico Jose Martins Carreira

無料音声
ダウンロード付

ベレ出版

はじめに

本書はヨーロッパのポルトガル語に特化したポルトガル語をはじめて学ぶ方のための文法書です。初心者の方がポルトガル語の文法を理解できるように様々な工夫をしました。

第一に、ポルトガル語で最初につまずくのは動詞の活用です。そこで、動詞の活用をたくさん入れて、音声をつけました。何度も繰り返し聞いて体得してください。

第二に、語学は文法を頭で理解した後に、自然と口から出るようになるまで定着させる必要があります。そこで、本書ではクイックレスポンス（日本語を見たらポルトガル語に瞬時に訳す）の手法を取り入れ、「基本例文」をしっかりとマスターできるようにしました。トレーニング１（穴あき）では、日本語を見て括弧に入るポルトガル語が言えるようになるまで何度も練習しましょう。それができるようになったら、トレーニング２に移りましょう。日本語を見て瞬時にポルトガル語が口から出るようになるまで何度も練習してポルトガル語の反射神経を高めてください。

さらに、本書の全文にポルトガル語の音声（ナレーターは共著者のフレデリコ・ジョゼ・マルティンシュ・カレイラ）をつけました。最初は本書を見ながら音とポルトガル語をしっかりと結びつけてください。慣れてきたら本書を見ずに音声だけ流してシャドーイング（何も見ずに耳から聞こえてくるものを、同時または少し遅れて同じように発話する）の練習を何度も行ないましょう。

なお、「多文化多言語研究会」の「ポルトガル語会話」（https://tabunka.carreiraenglish.com/portugues-online/）では、共著者のフレデリコ・ジョゼ・マルティンシュ・カレイラが講師となり、ポルトガル語会話のオンラインレッスンを行なっています。本書で学んだことをもとに、著者と直接ポルトガル語で楽しく会話しながらしっかり身につけることができます。

最後に約20年近く前に出版しました『しっかり学ぶポルトガル』に続き、ポルトガルのポルトガル語の企画を採用してくださったベレ出版に心から感謝申し上げます。

プロローグ　アルファベットと発音

第1部　単語と表現

第2部　基礎文法

音声ダウンロード方法

・付属音声をベレ出版ホームページより無料でダウンロードできます。
（MP3ファイル形式）

1．パソコンのウェブブラウザを立ち上げて「ベレ出版」ホームページ（www.beret.co.jp）にアクセスします。
2．「ベレ出版」ホームページ内の検索欄から、『わかる！ポルトガルのポルトガル語　基礎文法と練習』の詳細ページへ。
3．「音声ダウンロード」をクリック。
4．８ケタのダウンロードコードを入力しダウンロードを開始します。
ダウンロードコード：**297hyA7h**
5．パソコンやMP3音声対応のプレーヤーに転送して、再生します。

お願いと注意点について

・デジタル・オーディオ、スマートフォンの転送・再生方法など詳しい操作方法については小社では対応しておりません。製品付属の取り扱い説明書、もしくは製造元へお問い合わせください。
・音声は本書籍をお買い上げくださった方へのサービスとして無料でご提供させていただいております。様々な理由により、やむを得ずサービスを終了することがありますことをご了承ください。

プロローグ

アルファベットと発音

アルファベットと発音

▶ 01

ヨーロッパのポルトガル語とブラジル・ポルトガル語で最も異なる点は発音です。本書はヨーロッパのポルトガル語に関する書籍ですが、ここではブラジル・ポルトガル語との違いについて少し詳しく解説します。

1. アルファベット

ポルトガル語とブラジル・ポルトガル語とでは発音が少し異なります。(　　)はブラジル・ポルトガル語の発音です。

▶ (01)

A a	アー	O o	オー
B b	ベー	P p	ペー
C c	セー	Q q	ケー
D d	デー	R r	エッル (エヒ)
E e	エ (エー)	S s	エッス (エッスィ)
F f	エフ (エッフィ)	T t	テー
G g	ジェー	U u	ウ (ウー)
H h	アガー	V v	ヴェー
I i	イ (イー)	W w	ダブリュー
J j	ジョタ (ジョッタ)	X x	シィーシュ (シス)
K k	カッパ (カー)	Y y	イプスィロン・イグレゴ
L l	エリ	Z z	ゼー
M m	エム (エミ)		
N n	エヌ (エニ)		

2. 発音

① 母音

母音とはa・e・i・o・uの５つのことです。

・アクセントのあるa, e, oは口を大きく開けてそれぞれア・エ・オと発音します。

・アクセントのないaは口をあまり開けずにアと発音します。

・アクセントのないe, oは口を開けずに、あいまい母音（アとウの中間）で発音します。

・á, é, óはアクセントの位置になり、口を大きく開けてそれぞれア・エ・オと発音します。

・â, ê, ôはアクセントの位置になりますが、口はあまり開けずにそれぞれア・エ・オと発音します。

・i, uは口は開けずにそれぞれイ・ウと発音します

・í, úはアクセントの位置になりますが、口は開けずにイ・ウと発音します。

ブラジル・ポルトガル語ではアクセントのないoやeをはっきりオ・エと発音するのに対して、ポルトガル語ではあいまい母音（ə）を使います。

	ポルトガル語	ブラジル・ポルトガル語
possível（可能な）	プシベル	ポシベル
pesado（重い）	プザードゥ	ペザードゥ

② 子音

子音とは母音（a・e・i・o・u）以外の音のことです。ここではポルトガル語とブラジル・ポルトガル語の違いを中心に説明していきます。

d：ブラジル・ポルトガル語では、diまたはアクセントのないdeを「ジ」と発音しますが、ポルトガル語ではdiを「ディ」、deを「ドゥ」と発音します。

	ポルトガル語	ブラジル・ポルトガル語
cidade（町）	シダードゥ	シダージ
dia（日）	ディア	ジア
dizer（言う）	ディゼール	ジゼール
médico（医者）	メディコ	メジコ

ブラジル・ポルトガル語のズ・スの発音が、ポルトガル語では両方ともシュになります。

	ポルトガル語	ブラジル・ポルトガル語
dez（10）	デシュ	デズ
pesca（魚釣）	ペシュカ	ペスカ

3. アクセント　▶（01）

① 大体は後ろから２つめの音節にアクセントがあります。

alu・no（学生・生徒）　**no・me**（名前）

② -l, -r, -z, -i, -u, -ã, -ão, -õe, -ãe, -om, -onで終わる単語の場合は、最後の音節にアクセントがあります。

a・qui（ここ）　**a・ni・mal**（動物）

③ その規則から外れる場合はアクセント・アグード（´）、アクセント・スィルクンフレクソ（^）がつきます。

difícil（難しい）

通常、-lで終わる単語は最後の音節にアクセントが来ますが、アクセント・アグード（´）がある単語はそこにアクセントが来ます。

第 1 部

単語と表現

1

名詞（男性名詞・女性名詞）

02

1. 男性名詞・女性名詞

最初に名詞を学習しましょう。ポルトガル語の名詞はすべて男性名詞と女性名詞に分かれます。大まかに以下のように分けられますが、例外もありますので、注意してください。

① 生物の場合は、自然の性と文法上の性が一致する。

男性名詞 **pai**（父）　　女性名詞 **mãe**（母）

② -o で終わる名詞は男性名詞が多い。

livro（本）　**carro**（車）　**apartamento**（マンション）

③ -a で終わる名詞は女性名詞が多い。

casa（家）　**rua**（道）　**porta**（ドア）　**janela**（窓）

④ -e、特に -dade で終わるものは女性名詞が多い。

cidade（町・都市）

⑤ -ção で終わるものは女性名詞が多い。

canção（歌）

⑥ -e, -ista で終わるものは通常男女同形なので、冠詞をつけて区別する。

o estudante（男の学生）　**a estudante**（女の学生）

2. 男性名詞から女性名詞への変換の仕方

① 男性名詞の語尾-oを-aに変えると女性名詞になります。

amigo（男友達）⇒ **amiga**（女友達）

② -ãoで終わるものはoをとって女性名詞にします。

irmão（男の兄・弟）⇒ **irmã**（女の姉・妹）

③ -r, -êsで終わる男性名詞の場合には、aを最後に加えます。

português（男のポルトガル人）⇒ **portuguesa**（女のポルトガル人）

家族の名詞

家族 **família** 女

夫 **esposo** 男	妻 **esposa** 女	
父 **pai** 男	母 **mãe** 女	両親 **pais** 男（複数扱い）
息子 **filho** 男	娘 **filha** 女	子供 **criança** 女
祖父 **avô** 男	祖母 **avó** 女	
男の孫 **neto** 男	女の孫 **neta** 女	
兄弟 **irmão** 男	姉妹 **irmã** 女	
叔父 **tio** 男	叔母 **tia** 女	
甥 **sobrinho** 男	姪 **sobrinha** 女	
従兄弟 **primo** 男	従姉妹 **prima** 女	
義理の父 **sogro** 男	義理の母 **sogra** 女	

職業の名詞

	男性の場合	女性の場合
医者	男 médico	女 médica
看護師	男 enfermeiro	女 enfermeira
薬剤師	男 farmacêutico	女 farmacêutica
弁護士	男 advogado	女 advogada
エンジニア	男 engenheiro	女 engenheira
作家	男 escritor	女 escritora
アナウンサー	男 locutor	女 locutora
建築家	男 arquiteto	女 arquiteta
銀行員	男 bancário	女 bancária
床屋 / 美容師	男 cabeleireiro	女 cabeleireira
教師	男 professor	女 professora
セールス	男 vendedor	女 vendedora

文具の名詞

ペン **caneta** 女

鉛筆 **lápis** 男（単数・複数が同じ形）

シャープペン **lapiseira** 女

マーカー **marcador** 女

ノート **caderno** 男

手帳 **agenda** 女

紙 **papel** 男

消しゴム **borracha** 女

はさみ **tesoura** 女

定規 **régua** 女

のり **cola** 女

セロテープ **fita adesiva** 女

ホッチキス **agrafador** 男

ホッチキスの芯 **agrafo** 男

野菜の名詞

カボチャ **abóbora** 女

レタス **alface** 女

ニンニク **alho** 男

じゃがいも **batata** 女

ナス **berinjela** 女

玉ねぎ **cebola** 女

ニンジン **cenoura** 女

ホウレンソウ **espinafre** 男

とうもろこし **milho** 男

キュウリ **pepino** 男

トマト **tomate** 男

果物の名詞

パイナップル **ananáz** 男

バナナ **banana** 女

オレンジ **laranja** 女

レモン **limão** 男

リンゴ **maçã** 女

スイカ **melancia** 女

メロン **melão** 男

イチゴ **morango** 男

洋ナシ **pêra** 女

桃 **pêssego** 男

ブドウ **uva** 女

練習

1 例のように対になる名詞を書きましょう。

例：esposo　(esposa)

(1) pai　(　　　　)

(2) filho　(　　　　)

(3) avô　(　　　　)

(4) neto　(　　　　)

(5) irmão　(　　　　)

(6) tio　(　　　　)

(7) sobrinho　(　　　　)

(8) primo　(　　　　)

2 次の名詞は男性名詞・女性名詞のどちらでしょうか。例のように、男性ならm、女性ならfと記してください。

例：carro　(　m　)

(1) caneta　(　　　　)

(2) lápis　(　　　　)

(3) lapiseira　(　　　　)

(4) caderno　(　　　　)

(5) papel　(　　　　)

(6) borracha (　　　　)

(7) melão (　　　　)

(8) régua (　　　　)

(9) cola (　　　　)

(10) agrafador (　　　　)

2

名詞（単数名詞・複数名詞）

estante・estantes
本棚　　（複数の）本棚

03

ここでは名詞の複数形について学びます。名詞の複数形の作り方にはいくつかの法則があります。

① 母音で終わるものには-sをつけます。

estante（本棚）⇒ **estantes**

ただし、以下のような例外がいくつかあります。

canção（歌）⇒ **canções**

cão（犬）⇒ **cães**

② -r, -zで終わるものには-esをつけます。

colher（スプーン）⇒ **colheres**

③ -sで終わるもので-sの直前の母音にアクセントがある場合は、-esをつけます。

país（国）⇒ **países**

④ -sで終わるもので-sの直前の母音にアクセントがない場合は、変化しません。

lápis（鉛筆）⇒ **lápis**

⑤ -al, -el, -ol, -ulで終わるものは、-lを-isに変えます。

animal（動物）⇒ **animais**

⑥ -ilで終わるもので-ilのiにアクセントがある場合は、-lを-sに変えます。

barril（樽）⇒ **barris**

⑦ -ilで終わるもので最後から２番目の音節にアクセントがある場合は、-ilを-eisに変えます。

réptil（爬虫類）⇒ **répteis**

⑧ -mで終わるものは-mを-nsに変えます。

homem（男）⇒ **homens**

服装類の名詞

衣類　**roupa** 女

ワンピース・ドレス　**vestido** 男

上着　**casaco** 男

背広　**fato** 男

（複数形で）ズボン　**calças** 女

シャツ　**camisa** 女

ネクタイ　**gravata** 女

（複数形で）パンツ　**cuecas** 女

スカート　**saia** 女

帽子　**chapéu** 男

（複数形で）手袋　**luvas** 女

（複数形で）靴　**sapatos** 男

傘　**guarda-chuva** 男

（複数形）でスリッパ　**chinelos** 男

（複数形で）靴下　**meias** 女

指輪　**anel** 男

パジャマ　**pijama** 男

セーター　**camisola** 女

財布・女性用のバック　**carteira** 女

体の名詞

頭　**cabeça** 女

顔　**rosto** 男

目　**olho(s)** 男

耳　**orelha(s)** 女

鼻　**nariz** 男

口　**boca** 女

歯　**dente(s)** 男

首　**pescoço** 男

肩　**ombro(s)** 男

胸　**peito** 男

腕　**braço(s)** 男

手　**mão(s)** 女

指　**dedo(s)** 男

つめ　**unha(s)** 女

(複数形で) 背中　**costas** 女

腹　**ventre** 男

腰　**cintura** 女

脚　**perna(s)** 女

ひざ　**joelho(s)** 男

足　**pé(s)** 男

練習

1 次の名詞を例のように複数形にしてください。

例：estação (estações)

(1) roupa (　　　　)

(2) fato (　　　　)

(3) unha (　　　　)

(4) camisa (　　　　)

(5) chapéu (　　　　)

(6) anel (　　　　)

(7) pijama (　　　　)

(8) camisola (　　　　)

(9) carteira (　　　　)

(10) cabeça (　　　　)

(11) rosto (　　　　)

(12) advogado (　　　　)

(13) escritora (　　　　)

(14) locutor (　　　　)

(15) professor (　　　　)

冠詞

um amigo・uma amiga・o amigo・a amiga
一人の男友達　一人の女友達　その男友達　その女友達

▶ 04

1. 不定冠詞

ポルトガル語の冠詞は不定冠詞・定冠詞と２種類あります。不定冠詞は、初めて話に出てきた名詞やその場でどれを指しているか分からない名詞などにつけます。um/umaは単に「一つの」という意味を表し、uns/umasは「いくつかの」という意味を表します。

男性名詞にはum がつき、女性名詞にはumaがつきます

	単数	複数
男性	um amigo　一人の男友達	uns amigos　何人かの男友達
女性	uma amiga　一人の女友達	umas amigas　何人かの女友達

2. 定冠詞

定冠詞は、聞き手と話し手がすでに理解しているものや２度目に話題になった名詞、その場の状況から何をさしているか分かるものにつきます。また、総称的なものにも使います。o/aは単数のものにつき、os/asは複数のものにつきます。

	単数	複数
男性	o carro　その車	os carros　それらの車
女性	a caneta　そのペン	as canetas　それらのペン

国名にも一般に定冠詞がつきます。

os Estados Unidos（アメリカ合衆国）　**o Brasil**（ブラジル）

ただし、Portugal（ポルトガル）には定冠詞はつきません。

人の名前を文の中で使うときは冠詞をつけます。男性ならo、女性ならaをつけます。

o Frederico（フレデリコ）　**a Raquel**（ラケル）

3. 無冠詞

呼びかけのとき、冠詞はつきません。

Obrigado, Ivo. ありがとう、イブ。

国籍・職業などがser（英語のbe動詞にあたるもの）の後に来る場合も冠詞はつきません。

Sou japonesa. 私は日本人です。

Sou professor. 私は先生です。

練習

1 次の名詞にあわせて正しい不定冠詞（um/uma/uns/umas）をつけましょう。

(1) (　　　　) saia

(2) (　　　　) filhos

(3) (　　　　) borracha

(4) (　　　　) casacos

(5) (　　　　) rapaz

(6) (　　　　) aneis

(7) (　　　　) casas

(8) (　　　　) carros

(9) (　　　　) apartamentos

(10) (　　　　) rua

2 次の名詞にあわせて正しい定冠詞（o/a/os/as）をつけましょう。

(1) (　　　　) canetas

(2) (　　　　) pai

(3) (　　　　) camisa

(4) (　　　　) gravatas

(5) (　　　　) amigas

(6) (　　　　) tio

(7) (　　　　　) sapatos

(8) (　　　　　) janelas

(9) (　　　　　) porta

(10) (　　　　　) gravatas

語句説明

janelas(janela)　窓 女

porta　ドア 女

形容詞・副詞

um amigo alto

一人の背の高い男友達

▶ 05

ここでは形容詞と副詞について学びます。

形容詞は名詞を修飾するもので、副詞は名詞以外（動詞・形容詞など）を修飾するものです。

まずポルトガル語の形容詞について解説します。

1. 形容詞の変化

形容詞は修飾する名詞に合わせて次のように変化します。

① -oで終わるタイプ

-oで終わるタイプが最も多く、以下のように女性形は-oを-aに変え、複数形にする場合は-sをつけます。（alto：背が高い）

	単数	複数
男性	alto	altos
女性	alta	altas

定冠詞／不定冠詞	名詞	形容詞	
o/um	amigo	alto	一人の背の高い男友達
a/uma	amiga	alta	一人の背の高い女友達
os/uns	amigos	altos	数人の背の高い男友達
as/umas	amigas	altas	数人の背の高い女友達

② -ão で終わるもの

-ãoで終わるものを女性形にする場合、語尾を-ãまたは-onaに変えます。

	男性形	女性形
健康な	são	sã
泣き虫の	chorão	chorona

③ -u, -ês, -or で終わるもの

-u, -ês, -orで終わるものは語尾にaを加えます。

	男性形	女性形
生の	cru	crua
イギリスの	inglês	inglesa 〈アクセント記号が取れる〉
魅力的な	encantador	encantadora

④ -a, -e, -l, -m, -r, -z で終わるもの

-a, -e, -l, -m, -r, -zで終わるものは男女同形です。

quente（暑い）　**comum**（普通の）　**simples**（単純な）

fácil（簡単な）　**feliz**（幸せな・成功した）　**grande**（大きい）

o momento feliz 幸せな瞬間

a operação feliz 成功した手術

複数形を作るときは、-sをつけます。

um homem grande 一人の大男

uns homens grandes 何人かの大男

⑤ 不規則に変化する形容詞

次の２つの形容詞は不規則な変化をします。

	男性形	女性形
良い	bom	boa
	bons	boas
悪い	mau	má
	maus	más

2. 形容詞の位置

① 名詞の後

通常、形容詞は名詞の後ろに置きます。

語順：名詞＋形容詞

o professor interessante 面白い先生

② 名詞の前にも後にも置くことができる形容詞

次のような形容詞は名詞の前にも後ろにも置くことができます。

bom（良い） **mau**（悪い） **escuro**（暗い） **triste**（悲しい）

bom rapaz / rapaz bom 良い少年

escura noite / noite escura 暗い夜

③ 形容詞の位置によって意味が変わるもの

次のような動詞は形容詞の位置によって意味が変わります。

o professor novo 若い先生　**o novo professor** 新任の先生

o homem grande 大きな人　**o grande homem** 偉大な人

a mulher pobre 貧しい女性　**a pobre mulher** 不幸な女性

色を表す形容詞

	男性単数	女性単数	男性複数	女性複数
黒	preto	preta	pretos	pretas
白	branco	branca	brancos	brancas
茶色	castanho	castanha	castanhos	castanhas
黄色	amarelo	amarela	amarelos	amarelas
赤	vermelho	vermelha	vermelhos	vermelhas
青	azul（男女同形）		azuis（男女同形）	
緑	verde（男女同形）		verdes（男女同形）	
オレンジ	cor-de-laranja（すべて同形）			
ピンク	cor-de-rosa（すべて同形）			

対になる形容詞

大きい **grande** ⇔ 小さい **pequeno**

深い **fundo** ⇔ 浅い **baixo**

いっぱいの **cheio** ⇔ 空の **vazio**

太っている **gordo** ⇔ 痩せている **magro**

重い **pesado** ⇔ 軽い **leve**

高さが高い **alto** ⇔ 高さが低い **baixo**

長い **comprido** ⇔ 短い **curto**

広い **largo** ⇔ 狭い **estreito**

太い **grosso** ⇔ 細い **fino**

値段が安い **barato** ⇔ 値段が高い **caro**

きれいな **limpo** ⇔ 汚い **sujo**

寒い **frio** ⇔ 暑い **quente**

簡単な **fácil** ⇔ 難しい **difícil**

新しい・若い **novo** ⇔ 古い・年をとっている **velho**

正しい **certo** ⇔ 間違っている **errado**

開いている **aberto** ⇔ 閉まっている **fechado**

速い **rápido** ⇔ 遅い **lento**

3. 副詞

次に副詞について解説します。

① 副詞（mente）の作り方

形容詞の女性形にmenteをつけると副詞になります。

lento（遅い）→ **lenta＋mente** → **lentamente**（ゆっくりと）

よく使われる〈形容詞の女性形 + mente〉の副詞

antigamente 昔、かつて、以前
claramente 明らかに
felizmente 幸いにも
infelizmente 残念ながら・残念なことに
provavelmente おそらく・たぶん・たいてい
possivelmente おそらく・たぶん
imediatamente 速やかに・早く
ultimamente 最近

② 頻度を表す副詞

よく使う頻度を表す副詞を覚えましょう。

頻度を表す副詞

sempre いつも
frequentemente しばしば
raramente めったに〜でない
às vezes 時々
normalmente 通常は
nunca 決して〜ない

練習

1 次の形容詞を女性形に直しましょう。

(1) preto (　　　　　)

(2) castanho (　　　　　)

(3) amarelo (　　　　　)

(4) azul (　　　　　)

(5) são (　　　　　)

(6) chorão (　　　　　)

(7) japonês (　　　　　)

(8) espanhol (　　　　　)

(9) chinês (　　　　　)

(10) cru (　　　　　)

(11) encantador (　　　　　)

(12) quente (　　　　　)

(13) comum (　　　　　)

2 次の形容詞の対になる語を書きましょう。

(1) grande (大きい) ⇔ (　　　　　)

(2) fundo (深い) ⇔ (　　　　　)

(3) magro (痩せている) ⇔ (　　　　　)

(4) pesado (重い) ⇔ (　　　　　)

（5）comprido（長い）⇔（　　　　　）

（6）estreito（狭い）⇔（　　　　　）

（7）barato（値段が安い）⇔（　　　　　）

（8）alto（高さが高い）⇔（　　　　　）

（9）fácil（やさしい）⇔（　　　　　）

3 次の形容詞を例にならって適切な形にしましょう。

例：caneta（pequeno）⇔（pequena　　）

（1）pintura（novo）⇔（　　　　　　　　）

（2）gatos（magro）⇔（　　　　　　　　）

（3）coelhos（branco）⇔（　　　　　　　　）

（4）tapete（azul）⇔（　　　　　　　　）

（5）sala（grande）⇔（　　　　　　　　）

（6）televisão（novo）⇔（　　　　　　　　）

語句説明

pintura	絵 女	tapete	じゅうたん 男
gatos（gato）	猫 男	sala	広間・居間・部屋 女
coelhos（coelho）	うさぎ 男	televisão	テレビ 女

数字や時に関する表現

▶ 06

1. 数字

日本人にとって数字はかなり難しいです。まずは、基礎となる20までを、その後に大きな数字に慣れていきましょう。

1	um(uma)	11	onze	21	vinte e um(uma)
2	dois(duas)	12	doze	22	vinte e dois(duas)
3	três	13	treze		
4	quatro	14	catorze		
5	cinco	15	quinze		
6	seis	16	dezesseis		
7	sete	17	dezessete		
8	oito	18	dezoito		
9	nove	19	dezanove		
10	dez	20	vinte		

大きな数字

30	trinta	200	duzentos	5,000	cinco mil
40	quarenta	300	trezentos	10,000	dez mil
50	cinquenta	400	quatrocentos	50,000	cinquenta mil
60	sessenta	500	quinhentos	100,000	cem mil
70	setenta	600	seiscentos	1,000,000	um milhão
80	oitenta	700	setecentos		
90	noventa	800	oitocentos		
100	cem	900	novecentos		
101	cento e um	1,000	mil		

序数

第1の **primeiro**
第2の **segundo**
第3の **terceiro**
第4の **quarto**
第5の **quinto**
第6の **sexto**
第7の **setimo**
第8の **oitavo**
第9の **nono**
第10の **decimo**
第11の **decimo primeiro**

序数は名詞の前に置かれ、定冠詞を伴い、性数変化をします。

a terceira vez 3度目　　**o primeiro andar** 2階

日本での1階はポルトガルではrés do chão(R/C)になります。

日本での2階がポルトガルでの1階(o primeiro andar)になります。

2. 日付や曜日、季節の言い方

月名はすべて男性名詞です。

日付

1月 **Janeiro**
2月 **Fevereiro**
3月 **Março**
4月 **Abril**
5月 **Maio**
6月 **Junho**
7月 **Julho**
8月 **Agosto**
9月 **Setembro**
10月 **Outubro**
11月 **Novembro**
12月 **Dezembro**

日付の言い方は２つあります。

① 月の前にdeを使うと月は後ろに来ます。

no dia 21 de Setembro（9月21日に）

② 月の前にemを使うと月が前に来ます。ただし、コンマが必要です。

em Junho, no dia 22（6月22日に）

曜日

月曜日 **segunda-feira** 女

火曜日 **terça-feira** 女

水曜日 **quarta-feira** 女

木曜日 **quinta-feira** 女

金曜日 **sexta-feira** 女

土曜日 **sábado** 男

日曜日 **domingo** 男

aos domingos 毎週日曜日に

ao domingo 日曜日に

季節

春 **primavera** 女

夏 **verão** 男

秋 **outono** 男

冬 **inverno** 男

na primavera（春に）

3. 時を表す単語や語句

基本的な時の表現を覚えましょう。

時を表す単語や語句

今日 **hoje**

昨日 **ontem**

明日 **amanhã**

一昨日 **anteontem**

あさって **depois de amanhã**

朝に **de manhã**

夜に **à noite**

午後に **à tarde**

正午に **ao meio-dia**

今週 **esta semana**

先週 **a semana passada**

来週 **a semana que vem**

今朝 **esta manhã**

今日の午後 **esta tarde**

今夜 **esta noite**

昨日の朝 **ontem de manhã**

昨日の午後 **ontem à tarde**

昨日の夜 **ontem à noite**

明日の朝 **amanhã de manhã**

明日の午後 **amanhã à tarde**

明日の夜 **amanhã à noite**

3日以内に **dentro de três dias**

3日前 **há três dias**

毎日 **todos os dias**

毎週 **todas as semanas**

毎月 **todos os meses**

毎年 **todos os anos**

練習

1 例のように数詞をつけて複数形に直しましょう。

例：um livro (2) (dois livros)

(1) calças (7) (　　　　　　)

(2) camisa (5) (　　　　　　)

(3) enfermeiro (4) (　　　　　　)

(4) lápis (20) (　　　　　　)

(5) borracha (23) (　　　　　　)

(6) escritora (15) (　　　　　　)

(7) caneta (4) (　　　　　　)

(8) caderno (12) (　　　　　　)

(9) irmão (3) (　　　　　　)

(10) gravata (6) (　　　　　　)

第 2 部

基礎文法

1

直説法現在 ser

Ela é magra.

彼女は痩せている。

▶ 08

基本例文

▶ 07

彼女は痩せている。
Ela é magra.

彼はポルトガル人です。
Ele é português.

私は教師です。
Eu sou professor.

家は木でできています。
A casa é de madeira.

ポルトガル語には、直説法と接続法があります。直説法は事実・事柄・現実などを表現するときに使い、接続法は推測など主観的な心理状態などを表すときに使われます。たとえば、「今日は天気がよい」という際は現実・事実を述べているので直説法を用います。一方、「明日はおそらく晴れるだろう」という際は推測なので接続法を用います（接続法の詳細は「接続法現在」をご覧ください）。

ここでは最初に直説法現在について学びます。

直説法現在というのは、現在の事実・事柄などを述べるときに使うものです。

基本例文のEu sou professor.（私は教師です）は単なる現在の事実を述べているだけで、話す人の感情や推測など入っていないので、直説法現在を使います。

1．主格人称代名詞

主語になる人称代名詞についてまずは学習しましょう。

私は	eu		私たちは	nós
君は	tu			
あなたは	você		あなた方は	vocês
彼は	ele		彼らは	eles
彼女は	ela		彼女らは	elas

2．serの直説法現在

ポルトガル語は主語の人称に合わせて動詞が変化します。ポルトガル語には英語のbe動詞にあたるものが２つあり、serとestarがあります。serは人・動物・物などの変わらない性質を表します。人称によって動詞の活用形が異なり、主語がなくても主語が分かるため、ポルトガル語では主語がしばしば省略されます。

主格人称代名詞	ser
eu（私は）	sou
tu（君は）	és
você（あなたは）/ ele（彼は）/ ela（彼女は）	é
nós（私たちは）	somos
Vocês（あなた方は）/ eles（彼らは）/ elas（彼女らは）	são

動詞serは人・動物・物などの変わらない性質を表します。

serの後ろはほとんどの場合、名詞・形容詞が来ますが、その場合すでに名詞・形容詞のところで学んだように、男女・単複の変化は主語に合わせます。

① 人・動物の場合

【人・動物の変わらない性質】

Ela é a Raquel. 彼女はラケルです。

Ela é magra. 彼女は痩せている。

Elaが女性なので、magroの女性形であるmagraになります。

【国籍】

Ele é português. 彼はポルトガル人です。

【職業】

Eu sou professor. 私は教師です。

職業の場合は、無冠詞です。

【戸籍の身分】

Ela é casada. 彼女は結婚しています。

Elaは女性なので、casadoの女性形であるcasadaになります。

② 物などの場合

【物の変わらない性質】

As casas são brancas. その家（複数）は白です。

casaが女性名詞で複数なので、brancoの女性形・複数のbrancasになります。

【時間】

São três horas. 3時です。

【場所】

A casa é em Portugal. 家はポルトガルにあります。

③ **ser + de**

ser + de（前置詞）で所有・材料・出身などを表します。どれも永続的な状況を表します

【所有】

O livro é do professor. その本は先生のです。

（※ do = de + o　「前置詞と定冠詞の縮合形」を参照）

【材料】

A casa é de madeira. 家は木からできています。

【出身】

Sou do Porto. 私はポルト出身です。

語句説明

ser	～である・～だ 動	madeira	木 女
magra(magro)	痩せている 形	casada(casado)	結婚している 形
professor	教師 男	livro	本 男
casa	家 女	mesa	机 女

国名・言語

国名	～の・～人・～語（言語はすべて男性形単数）	
	男性形（単数/複数）	女性形（単数/複数）
Portugal ポルトガル	português	portuguesa
	portugueses	portuguesas
Brasil ブラジル	brasileiro	brasileira
	brasileiros	brasileiras
Japão 日本	japonês	japonesa
	japoneses	japonesas
Espanha スペイン	espanhol	espanhola
	espanhois	espanholas
Alemanha ドイツ	alemão	alemã
	alemães	alemãs
Inglaterra イギリス	inglês	inglesa
	ingleses	inglesas
Estados Unidos da America アメリカ	americano	americana
	americanos	americanas
Coreia 韓国	coreano	coreana
	coreanos	coreanas

3. 前置詞・前置詞と冠詞の縮合形

前置詞

[方向・到着点] ～へ・～に　[位置、場所] ～に・～で　**a**

[所有・種類・材料]～の　**de**

～に　**em**

～の中に　**dentro de**

～の上に　**em cima de**

～の後ろに　**atrás de**

～の下に　**debaixo de**

～の前に　**em frente de**

～の横に　**ao lado de**

～の間に　**entre**

～のために・～によって　**por**

～のために・～に向けて　**para**

～について　**sobre**

～の間　**durante**

～まで　**até**

～一緒に　**com**

前置詞と冠詞が合わさると以下のように縮合されるものがあります。よく使うので、しっかり覚えておきましょう。

前置詞と定冠詞の縮合形

前置詞 / 定冠詞	o	os	a	as
a（～に、～で）	ao	aos	à	às
de（～の）	do	dos	da	das
em（～に）	no	nos	na	nas
por（～のために・～によって）	pelo	pelos	pela	pelas

前置詞と不定冠詞の縮合形

前置詞 / 不定冠詞	um	uns	uma	umas
de（～の）	dum	duns	duma	dumas
em（～に）	num	nuns	numa	numas

トレーニング

1 (　)に適切な語を入れましょう。(　)内の語句はこの課の基本例文で確認してください。

(1) 彼女は痩せている。

(　　　)(　　　) magra.

(2) 彼はポルトガル人です。

(　　　)(　　　) português.

(3) 私は教師です。

(　　　)(　　　) professor.

(4) その家は木でできています。

A casa (　　　)(　　　) madeira.

2 次の日本語をポルトガル語に訳しましょう。ポルトガル語はこの課の基本例文で確認してください。

(1) 彼女は痩せている。

____

(2) 彼はポルトガル人です。

____

(3) 私は教師です。

____

(4) その家は木でできています。

____

練習

1 次のポルトガル語を日本語に訳しましょう。

(1) Elas são inglesas.

(2) Tu és inteligente.

(3) Eu sou gordo.

(4) A Raquel é uma miúda interessante.

2 次の日本語をポルトガル語に訳しましょう。

(1) 私たちは学生です。

(2) ラケルとイブはとても似ている。

(3) マリアとジョゼはとても優しい人たちです。

(4) 彼女は結婚しています。

語句説明

inteligente	知的な 形	interessante	面白い 形
miúda	女の子 女　男の子は miúdo	parecidos (parecido)	似ている 形
muito	とても 副 英語の very に相当。	pessoas (pessoa)	人 女
		bondosas (bondoso)	親切な・優しい 形

直説法現在 estar

A Raquel está cansada.

ラケルは疲れている。

▶ 10

基本例文

▶ 09

ラケルは疲れている。
A Raquel está cansada.

私は幸せです。
Eu estou feliz.

私たちはお腹がすいている。
Nós estamos com fome.

今日はくもりです。
Hoje está nublado.

estarの直説法現在

estarは英語のbe動詞に相当するもので、一時的な状態を表します。主語に合わせて、動詞は以下のように変化します。

主格人称代名詞	estar
eu（私は）	estou
tu（君は）	estás
você（あなたは）/ ele（彼は）/ ela（彼女は）	está
nós（私たちは）	estamos
vocês（あなた方は）/ eles（彼は）/ elas（彼らは）	estão

① 一時的な様子を表す

A Raquel está cansada. ラケルは疲れている。

Eu estou feliz. 私は幸せです。

② estar com ＋抽象名詞

〈estar com ＋抽象名詞（冠詞なし）〉で一時的な状況を表します。

estar com fome 空腹である

estar com frio 寒い

estar com sono 眠い

Nós estamos com fome. 私たちはお腹がすいている。

③ 天候

天候は一時的なものなのでestarを使います。

Hoje está nublado. 今日はくもりです。

Está sol. 天気がいい。

Está nublado. くもりだ。

Está vento. 風が強い。

Está frio. 寒い。

Está quente. 暑い。

その他このような言い方もあります。

Está bom tempo. 天気がいい。

Está mau tempo. 天気が悪い。

また、進行形で天候を表す場合があります。進行形の詳細は「進行形」の章を参考にしてください。

Hoje está a chover. 今日は雨が降っています。

Hoje está a nevar. 今日は雪が降っています。

語句説明

estar	いる・ある・～である 動
cansada (cansado)	疲れた 形
feliz	幸せな 形
hoje	今日 副
fome	空腹 女
frio	寒さ 男
sono	睡眠・眠り 男

sono pesado 熟睡
sono leve 浅い眠り

sol	太陽・陽光 男
nublado	くもった 形
vento	風 男
tempo	天気 男
chover	雨が降る 動
nevar	雪が降る 動

トレーニング

1 (　)に適切な語を入れましょう。(　)内の語句はこの課の基本例文で確認してください。

(1) ラケルは疲れている。

A Raquel (　　　) (　　　).

(2) 私は幸せです。

Eu (　　　) (　　　).

(3) 私たちはお腹がすいている。

Nós (　　　) (　　　) fome.

(4) 今日はくもりです。

Hoje (　　　) (　　　).

2 次の日本語をポルトガル語に訳しましょう。ポルトガル語はこの課の基本例文で確認してください。

(1) ラケルは疲れている。

____

(2) 私は幸せです。

____

(3) 私たちはお腹がすいている。

____

(4) 今日はくもりです。

____

練習

1 次のポルトガル語を日本語に訳しましょう。

(1) Eu estou na rua.

(2) Eu estou contente.

(3) Ele está zangado.

(4) Nós estamos com sede.

2 次の日本語をポルトガル語に訳しましょう。

(1) 彼らは疲れています。

(2) 本はここにあります。

(3) 私の両親はポルトにいます。

(4) ブルーノは家にいます。

語句説明

rua	通り・道路 女	zangado	怒っている 形
contente	満足している・うれしい 形	aqui	ここ 副

3 serとestarの違い

A mesa é grande.
そのテーブルは大きい。

A mesa está suja.
そのテーブルは汚れている。

12

基本例文

11

そのテーブルは大きい。
A mesa é grande.

そのテーブルは汚れている。
A mesa está suja.

彼女は感じがよい。
Ela é simpática.

彼女は疲れている。
Ela está cansada.

serとestarの使い分け

ここでは前の課で学んだserとestarの違いをさらに詳しく学びます。

簡単にこの２つの違いを説明すると、serは人や物などの変わらない性質や状態を表し、estarは人や物の一時的な状態を表します。

ポルトはポルトガルにあります。
Porto é em Portugal. 〈ポルトの永続的な性質なのでser〉

私たちはポルトにいます。
Nós estamos no Porto. 〈私たちの一時的な場所なのでestar〉

※no（em + o）は「前置詞と定冠詞の縮合形」で確認しましょう。

そのテーブルは大きい。
A mesa é grande. 〈テーブルの変わらない状態なのでser〉

そのテーブルは汚れている。
A mesa está suja. 〈テーブルの一時的な性質なのでestar〉

彼女は感じがよい。
Ela é simpática. 〈彼女の変わらない性質なのでser〉

彼女は疲れている。
Ela está cansada. 〈彼女の一時的な性質なのでestar〉

トレーニング

1 （　）に適切な語を入れましょう。（　）内の語句はこの課の基本例文で確認してください。

（1）そのテーブルは大きい。

A mesa (　　　) (　　　).

（2）そのテーブルは汚れている。

A mesa (　　　) (　　　).

（3）彼女は感じがよい

Ela (　　　) (　　　).

（4）彼女は疲れている。

Ela (　　　) (　　　).

2 次の日本語をポルトガル語に訳しましょう。ポルトガル語はこの課の基本例文で確認してください。

（1）そのテーブルは大きい。

____

（2）そのテーブルは汚れている。

____

（3）彼女は感じがよい

____

（4）彼女は疲れている。

____

語句説明

simpática (simpático)　感じがよい 形　｜ suja (sujo)　汚い 形

練習

1 次のポルトガル語を日本語に訳しましょう。

（1）Eu estou com sono.

（2）Elas estão na piscina.

（3）O Ivo é alto.

（4）O jantar está delicioso, mas está muito quente.

2 次の日本語をポルトガル語に訳しましょう。

（1）私の車は小さい。

（2）イブとラケルは日本にいます。

（3）ドアは閉まっています。

（4）私の隣人は独身です。

3 ser か estar の適切なものを選び、正しい形に直しましょう。

(1) Ele (　　　　) simpático.

(2) O Bruno (　　　　) cansado.

(3) As mesas (　　　　) sujas.

(4) O Ivo (　　　　) na escola.

(5) Os meus pais (　　　　) no Porto.

語句説明

piscina	プール 女
jantar	夕食 男
delicioso	美味しい 形
mas	しかし 接 （英語の but）
quente	熱い・暑い 形
carro	車 男
fechada（fechado）	閉まっている 形
vizinho	隣人 名
solteiro	独身の 形　独身者 名
escola	学校 女

4

疑問文・否定文

Você é de Portugal?

あなたはポルトガル出身ですか？

▶ 14

基本例文

▶ 13

あなたはポルトガル出身ですか？
Você é de Portugal?

はい、そうです。
Sim, sou.

いいえ、違います。
Não, não sou.

私は教師ではありません。
Eu não sou professor.

ポルトガル語の疑問文・否定文の作り方は簡単です。serやestarのみならず、他の動詞に関しても同様です。

1．疑問詞がない疑問文

肯定文の語順のままで、文末をあがり調子に読んで「？」をつけるだけです。

Você é de Portugal? あなたはポルトガル出身ですか？

答えはsim（はい）/ não（いいえ）で答えます。答えの文では主語はほとんどの場合省略されます。

Sim, sou. はい、そうです。

Não, não sou. いいえ、違います。

2. 疑問詞が含まれる疑問文

疑問詞が含まれる疑問文の作り方は以下の2つです。ここでは簡単に説明しますが、詳しくは「疑問詞」を参照してください。

① 疑問詞を一番前に置き、主語と動詞をひっくり返す。

Quem és tu? あなたは誰ですか？

② é queを動詞の前に挿入する。

Onde é que moras? どこに住んでいますか？

3. 否定文の作り方

否定文を作るときは、動詞の前にnãoを入れます。

Eu não sou professor. 私は教師ではありません。

語句説明

quem　誰
onde　どこに
moras（morar）　住む 動

トレーニング

1 （　）に適切な語を入れましょう。（　）内の語句はこの課の基本例文で確認してください。

（1）あなたはポルトガル出身ですか？

Você (　　　) (　　　) Portugal?

（2）はい、そうです。

(　　　) (　　　).

（3）いいえ、違います。

Não, (　　　) (　　　).

（4）私は教師ではありません。

Eu (　　　) (　　　) professor.

2 次の日本語をポルトガル語に訳しましょう。ポルトガル語はこの課の基本例文で確認してください。

（1）あなたはポルトガル出身ですか？

____

（2）はい、そうです。

____

（3）いいえ、違います。

____

（4）私は教師ではありません。

____

練習

1 次のポルトガル語を日本語に訳しましょう。

(1) Elas não estão na piscina.

(2) Estás com sede?

(3) A sopa não está salgada.

(4) Ele é de Lisboa?

2 次の日本語をポルトガル語に訳しましょう。

(1) そのセーターは高くない。

(2) 疲れていない?

(3) 彼らは家にいません。

(4) そのペンはアナのですか?

語句説明

sopa　スープ 女
salgada(salgado)　塩辛い 形
caneta　ペン 女

5

中性指示代名詞

Isto é um livro.

これは（1冊の）本です。

▶ 16

基本例文

▶ 15

これは（1冊の）本です。
Isto é um livro.

あれらは（いくつかの）消しゴムです。
Aquilo são borrachas.

ここにあるこれは何ですか？
O que é isto aqui?

それは本です。
Isso é um livro.

中性指示代名詞

指示代名詞とは、事物・場所・方角を指すもので、日本語では「これ、それ、あれ」などが指示代名詞にあたります。中性指示代名詞は、中性、すなわち、性や数により変化のない指示代名詞ということです。つまり中性指示代名詞のisto, isso, aquiloは性や数に関係なく、常にこの形で使われます。そのため単数のものを指しているときは単数扱い、複数のものを指しているときは複数扱いになります。

① isto（これ）は話し手に近い物を指していいます。

Isto é um livro. これは（1冊の）本です。

Isto são livros. これらは（いくつかの）本です。

② isso（それ）は聞き手に近い物を指していいます。

Isso é uma caneta. それは１本のペンです。

Isso são canetas. それらは（いくつかの）ペンです。

③ aquilo（あれ）は話し手・聞き手の両方から遠いものを指していいます。

Aquilo é uma borracha. あれは１個の消しゴムです。

Aquilo são borrachas. あれらは（いくつかの）消しゴムです。

以下の副詞もあわせて覚えましょう。

aqui ここに〈話し手に近い物を指す〉

aí そこに〈聞き手に近い物を指す〉

ali あそこに〈話し手・聞き手からも遠いものを指す〉

O que é isto aqui? ここにあるこれは何ですか？

Isso são canetas. それらはペンです。

O que é isso aí? そこにあるそれは何ですか？

Isto é uma cadeira. これは椅子です。

O que é aquilo ali? あそこにあるあれは何ですか？

Aquilo é uma escola. あれは学校です。

語句説明

cadeira　椅子 女

トレーニング

1 （　）に適切な語を入れましょう。（　）内の語句はこの課の基本例文で確認してください。

（1）これは（1冊の）本です。

（　　　）（　　　）um livro.

（2）あれらは（いくつかの）消しゴムです。

（　　　）（　　　）borrachas.

（3）ここにあるこれは何ですか？

O que é（　　　）（　　　）?

（4）それは本です。

（　　　）（　　　）um livro.

2 次の日本語をポルトガル語に訳しましょう。ポルトガル語はこの課の基本例文で確認してください。

（1）これは（1冊の）本です。

____

（2）あれらは（いくつかの）消しゴムです。

____

（3）ここにあるこれは何ですか？

____

（4）それは本です。

____

練習

1 次のポルトガル語を日本語に訳しましょう。

(1) Isto são sapatos.

(2) O que é aquilo?

(3) Aquilo são gravatas.

(4) Isso é uma cadeira.

2 次の日本語をポルトガル語に訳しましょう。

(1) それは車です。

(2) あれは鉛筆です。

(3) それは何ですか?

(4) これは自転車です。

語句説明

bicicleta　自転車 女

指示代名詞・指示形容詞

Este é o meu carro.

これは私の車です。

▶ 18

基本例文

▶ 17

これは私の車です。
Este é o meu carro.

このワンピースは素敵です。
Este vestido é bonito.

その手袋は良くないです。
Essas luvas não são boas.

あの靴は新しいですか？
Aqueles sapatos são novos?

ここでは指示代名詞・指示形容詞について学びます。

指示代名詞は、中性指示代名詞で学んだように、事物・場所・方角を指すもので、日本語では「これ、それ、あれ」などが指示代名詞にあたります。

指示形容詞というのは、その形容詞形で「この、その、あの」です。つまり、「この本は私のです」の「この」が指示形容詞です。

最初に活用について学びましょう。指示代名詞も指示形容詞も同じもの（este, esse, aquele）を使い、活用の仕方も同じです。

単数	男性	女性
これ・この （話し手に近いもの）	este	esta
それ・その （聞き手に近いもの）	esse	essa
あれ・あの （話し手・聞き手からも遠いもの）	aquele	aquela

複数	男性	女性
これら・これらの （話し手に近いもの）	estes	estas
それら・それらの （聞き手に近いもの）	esses	essas
あれら・あれらの （話し手・聞き手からも遠いもの）	aqueles	aquelas

1. 指示代名詞としての用法

指示代名詞（これ・それ・あの）としてのeste, esse, aqueleは、それぞれ中性指示代名詞isto,isso, aquiloに対応しますが、使い方が異なります。たとえば、isto, isso, aquiloは不明のものの名前を聞いたり、すでに述べた事柄を指したりする場合の両方に用いられます。一方、este, esta, aqueleはすでに述べた事柄やすでに話者・聞き手の間で分かっているもののみを指します。つまり、不明のものを聞く O que é este? という言い方はしませんので注意しましょう。また、中性指示代名詞とは違い、上記のように性数変化します。

Este é o meu carro. これは私の車です。

2. 指示形容詞としての用法

次に指示形容詞について学びましょう。

指示形容詞は「この本・あの本」などのような「この」「あの」です。修飾している名詞に合わせて以下のように性数変化します。

Este vestido é bonito. このワンピースは素敵です。

vestidoは男性名詞で単数として使われているのでesteを使います。

Essas luvas não são boas. その手袋は良くないです。

luvasは女性名詞で複数として使われているのでessasを使います。

Aqueles sapatos são novos? あの靴は新しいですか？

sapatosは男性名詞で複数として使われているのでaquelesを使います。

3. 前置詞と一緒に使われる場合の縮合形

前置詞deとemが指示代名詞と一緒に使われると、以下のように両者をくっつけて一語で表します。

deとつながる場合

	男性単数	男性複数	女性単数	女性複数
de + este（これ）	deste	destes	desta	destas
de + esse（それ）	desse	desses	dessa	dessas
de + aquele（あれ）	daquele	daqueles	daquela	daquelas

emとつながる場合

	男性単数	男性複数	女性単数	女性複数
em + este（これ）	neste	nestes	nesta	nestas
em + esse（それ）	nesse	nesses	nessa	nessas
em + aquele（あれ）	naquele	naqueles	naquela	naquelas

語句説明

meu　私の
※詳しくは「所有詞」を参照。

bonito　綺麗な・素敵な・かわいい 形

プロローグ
アルファベットと発音
第1部 単語と表現
第2部 基礎文法

トレーニング

1 （　）に適切な語を入れましょう。（　）内の語句はこの課の基本例文で確認してください。

（1）これは私の車です。

（　　　）（　　　）o meu carro.

（2）このワンピースは素敵です。

（　　　）（　　　）é bonito.

（3）その手袋は良くないです。

（　　　）（　　　）não são boas.

（4）あの靴は新しいですか？

（　　　）（　　　）são novos?

2 次の日本語をポルトガル語に訳しましょう。ポルトガル語はこの課の基本例文で確認してください。

（1）これは私の車です。

____

（2）このワンピースは素敵です。

____

（3）その手袋は良くないです。

____

（4）あの靴は新しいですか？

____

練習

1 次のポルトガル語を日本語に訳しましょう。

(1) Essa camisola é quente.

(2) Quem é aquela rapariga?

(3) Esse bolo é de chocolate.

(4) Este presente é para o professor.

2 次の日本語をポルトガル語に訳しましょう。

(1) あのスーパーマーケットは新しい。

(2) そのパジャマは小さい。

(3) この辞書はよくない。

(4) この時計は高い。

語句説明

rapariga	女の子・若い女性 女
bolo	ケーキ 男
chocolate	チョコレート 男
presente	プレゼント 男
supermercado	スーパーマーケット 男
dicionário	辞書 男
relógio	時計 男

7

所有詞（所有形容詞・所有代名詞）

Esta é a minha casa.

これは私の家です。

20

基本例文

19

これは私の家です。
Esta é a minha casa.

君の友達は家にいるよ。
O teu amigo está em casa.

あれらのネクタイは誰のですか？　―　私のです。
De quem são aquelas gravatas?　—　São minhas.

その車は彼女のです。
Esse carro é dela.

1. 所有形容詞・所有代名詞の活用

所有形容詞というのは、私の本・あなたの本などの「私の・あなたの」ように所有を表す形容詞です。

所有代名詞は、「私のもの・あなたのもの」というように所有を表す代名詞です。

所有形容詞・所有代名詞は以下のように活用します。

所有形容詞・所有代名詞	男性単数	男性複数	女性単数	女性複数
私の・私のもの	meu	meus	minha	minhas
君の・君のもの（tuに対応）	teu	teus	tua	tuas
あなたの・あなたのもの（vocêに対応）	seu	seus	sua	suas
私たちの・私たちのもの	nosso	nossos	nossa	nossas
あなたたちの・あなたたちのもの	vosso	vossos	vossa	vossas

teuの場合はtuに対応し、seuの場合はvocêに対応します。つまりteuは親しい間柄のときに使うものであり、seuはフォーマルな場面で使われます。

2. 所有形容詞

所有形容詞（～の）は修飾する名詞の前に置かれ、修飾する名詞の性・数に一致させます。

o meu irmão 私の兄・弟〈男性・単数なのでmeu〉

a minha irmã 私の姉・妹〈女性・単数なのでminha〉

os meus irmãos 私たちの兄・弟〈男性・複数なのでmeus〉

as minhas irmãs 私たちの姉・妹〈女性・複数なのでminhas〉

三人称（彼のdele、彼らのdeles、彼女のdela、彼女らのdelas）のときは後ろから修飾します。また、修飾される名詞がどのような性・数になろうとも影響は受けません。

単数	複数
dele 彼の	deles 彼らの
dela 彼女の	delas 彼女らの

os livros dele 彼のいくつかの本

o carro deles 彼らの車

as canetas dela 彼女のいくつかのペン

a casa delas 彼女らの家

3. 所有代名詞

活用は所有形容詞と同じです。代名詞ですから、所有形容詞のように直接名詞を修飾することはありません。「私のもの」「あなたのもの」「彼のもの」という意味になります。

あれらのペンは誰のものですか？
De quem são aquelas canetas?

彼女らのものです。
São delas.

私たちのものです。
São minhas.

語句説明

de quem　誰のもの
　de 所有「の」(前置詞) + quem「誰」(疑問詞)

トレーニング

1 (　)に適切な語を入れましょう。(　)内の語句はこの課の基本例文で確認してください。

(1) これは私の家です。

Esta é a (　　　) (　　　).

(2) 君の友達は家にいるよ。

(　　　) (　　　) (　　　) (　　　) em casa.

(3) あれらのネクタイは誰のですか?— 私のです。

(　　　) (　　　) são aquelas gravatas?— (　　　) (　　　).

(4) その車は彼女のです。

Esse carro (　　　) (　　　).

2 次の日本語をポルトガル語に訳しましょう。ポルトガル語はこの課の基本例文で確認してください。

(1) これは私の家です。

____

(2) 君の友達は家にいるよ。

____

(3) あれらのネクタイは誰のですか?私たちのです。

____

(4) その車は彼女のです。

____

練習

1 次のポルトガル語を日本語に訳しましょう。

（１）É a nossa mala.

（２）Os filhos deles são bonitos.

（３）O seu carro está pronto.

（４）A nossa escola é moderna.

2 次の日本語をポルトガル語に訳しましょう。

（１）私たちの先生（女性）は親切です。

（２）あなたの友達はポルトガルにいます。

（３）その本は彼のです。

（４）彼の自転車は新しい。

3 例のように書き換えてましょう。

例：**a bicicleta (dele) [Ivo]**

(1) as casas (　　　　) [Joana]

(2) o vestido (　　　　) [Catarina]

(3) os filhos (　　　　) [do Manuel e da Maria]

(4) a escola (　　　　) [Frederico]

(5) as chaves (　　　　) [Bruno]

語句説明

mala	スーツケース 女	moderna	現代の・現代的な 形
pronto	準備ができた 形	chaves (chave)	鍵 女

8

直説法現在 規則動詞 ar型

Eu falo inglês.

私は英語を話します。

▶ 22

基本例文

▶ 21

私は英語を話します。
Eu falo inglês.

イブは毎日勉強します。
O Ivo estuda todos os dias.

彼女は夜にお風呂に入ります。
Ela toma banho à noite.

私たちは門を閉めます。
Nós fechamos os portões.

ar型の直説法現在

ポルトガル語の動詞の原形はすべて-rで終わり、規則動詞と不規則動詞があります。規則動詞は大きく３つ（ar動詞、er動詞、ir動詞）に分けることができ、この課ではar動詞を学びます。動詞は語幹（変化しない部分）と語尾（変化する部分）に分かれます。falar「話す」は、falが語幹、-arが語尾になり、語尾が人称に合わせて以下のように変化します。

eu	-o
tu	-es
você/ele/ela	-e
nós	-imos
vocês/eles/ elas	-em

	falar（話す）	estudar（勉強する）	comprar（買い物する）
eu	falo	estudo	compro
tu	falas	estudas	compras
você/ele/ela	fala	estuda	compra
nós	falamos	estudamos	compramos
vocês/eles/ elas	falam	estudam	compram

私は英語を話します。
Eu falo inglês.（falar：話す）

イブは毎日勉強します。
O Ivo estuda todos os dias.（estudar：勉強する）

彼女は夜にお風呂に入ります。
Ela toma banho à noite.（tomar：取る）

私たちは門を閉めます。
Nós fechamos os portões.（fechar：閉める）

語句説明

falar	話す 動
inglês	英語 男
estudar	勉強する 動
todos os dias	毎日
tomar	取る 動
banho	風呂 男
tomar banho	お風呂に入る
à noite	夜に
fechar	閉める
portões（portão）	門 男

トレーニング

1 （　）に適切な語を入れましょう。（　）内の語句はこの課の基本例文で確認してください。

（1）私は英語を話します。

Eu (　　　) (　　　).

（2）イブは毎日勉強します。

O Ivo (　　　) (　　　) os dias.

（3）彼女は夜にお風呂に入ります。

Ela (　　　) (　　　) à noite.

（4）私たちは門を閉めます。

(　　　) (　　　) os portões.

2 次の日本語をポルトガル語に訳しましょう。ポルトガル語はこの課の基本例文で確認してください。

（1）私は英語を話します。

____

（2）イブは毎日勉強します。

____

（3）彼女は夜にお風呂に入ります。

____

（4）私たちは門を閉めます。

____

練習

1 次のポルトガル語を日本語に訳しましょう。

（1）Eu fecho a porta à chave.

（2）O José às vezes não lava os dentes

（3）Eles jogam futebol todos os domingos.

（4）Eles usam o computador para jogar.

2 次の日本語をポルトガル語に訳しましょう。

（1）彼女は英語をとても上手に話します。

（2）私は夜に働いています。

（3）子どもたちはチョコレートが好きです。

（4）彼らは家の建築に大金を使います。

語句説明

às vezes	時々 副
lava (lavar)	洗う 動
dentes (dente)	歯 男
jogam (jogar)	ゲーム・スポーツなどをする 動
futebol	サッカー 男
todos os domingos	毎週土曜日
usam (usar)	使う 動
computador	コンピュータ 男
gostam (gostar)	好む 動
gostar de	～を好む・～が好きである
gastam (gastar)	使う・浪費する 動
construção	建築・建物 女

直説法現在 規則動詞 er型

Ele come pão com manteiga.

彼はバターを塗ったパンを食べます。

24

基本例文

23

彼はバターを塗ったパンを食べます。
Ele come pão com manteiga.

私はシントラに住んでいます。
Eu vivo em Sintra.

８月には雨は降らない。
Em Agosto não chove.

彼女らはポルトガル語を学んでいます。
Elas aprendem português.

er 型の直説法現在

ここでは規則動詞er型を学びます。comer（食べる）はcomが語幹、-erが語尾になり、語尾が人称に合わせて以下のように変化します。

eu	-o
tu	-es
você/ele/ela	-e
nós	-emos
vocês/eles/ elas	-em

	comer（食べる）	beber（飲む）	aprender（学ぶ）
eu	como	bebo	aprendo
tu	comes	bebes	aprendes
você/ele/ ela	come	bebe	aprende
nós	comemos	bebemos	aprendemos
vocês/eles/elas	comem	bebem	aprendem

彼はバターを塗ったパンを食べます。
Ele come pão com manteiga. （comer：食べる）

私はシントラに住んでいます。
Eu vivo em Sintra.（viver：住む）

８月には雨は降らない。
Em Agosto não chove.（chover：雨が降る）

彼女らはポルトガル語を学んでいます。
Elas aprendem português.（aprender：学ぶ）

語句説明

come（comer）	食べる 動
pão	パン 男
manteiga	バター 女
pão com manteiga	バター付きのパン
vivo（viver）	住む・生きる 動
beber	飲む 動
aprendem（aprender）	学ぶ 動

トレーニング

1 （　）に適切な語を入れましょう。（　）内の語句はこの課の基本例文で確認してください。

（1）彼はバターを塗ったパンを食べます。

（　　　）（　　　）pão com manteiga.

（2）私はシントラに住んでいます。

（　　　）（　　　）em Sintra.

（3）8月には雨は降らない。

Em Agosto（　　　）（　　　）.

（4）彼女らはポルトガル語を学んでいます。

（　　　）（　　　）português.

2 次の日本語をポルトガル語に訳しましょう。ポルトガル語はこの課の基本例文で確認してください。

（1）彼はバターを塗ったパンを食べます。

____

（2）私はシントラに住んでいます。

____

（3）8月には雨は降らない。

____

（4）彼女らはポルトガル語を学んでいます。

____

練習

1 次のポルトガル語を日本語に訳しましょう。

(1) Tu comes arroz de manhã?

(2) Nós aprendemos desenho numa escola de arte.

(3) Ao lanche eles bebem sumo de laranja e comem bolachas.

(4) Eu aprendo japonês com a minha esposa.

2 次の日本語をポルトガル語に訳しましょう。

(1) 私たちは今リスボンに住んでいます。

(2) 私は朝にカフェオレを飲みます。

(3) 彼らは毎週両親に手紙を書きます。

(4) 誰がこの質問に答えますか?

語句説明

arroz	米 男
manhã	朝・午前 女
de manhã	朝に　午前に
desenho	デザイン・図画・デッサン 男
arte	美術 女
escola de arte	美術学校
lanche	軽食　おやつ 男
sumo	ジュース・果汁 男
sumo de laranja	オレンジジュース
bolachas (bolacha)	ビスケット・クラッカー・クッキー 女
agora	今 副
café	コーヒー 男
leite	牛乳 男
café com leite	カフェオレ
todas as semanas	毎週
escrevem (escrever)	書く 動
escrever a	〜に手紙を書く
responde (responder)	答える 動
responder a	〜に答える
pergunta	質問 女

10 直説法現在 cer型・ger型・guer型

Eu conheço o amigo dele.

私は彼の友達を知っています。

▶ 26

基本例文 ▶ 25

私は彼の友達を知っています。
Eu conheço o amigo dele.

彼は昼食にスープを温めます。
Ele aquece a sopa para o almoço.

この団体は弱者を守る。
Este grupo protege os fracos.

彼らは彫像を建てます。
Eles erguem uma estátua.

次の３パターンはer型の変形です。一人称のみ少し変化しています。

1. cer型の直説法現在

語尾が-cerのとき一人称のみ-cが-çになります。つまりcの後ろがoのときçになります。

conhecer（知っている）：**Eu conheco ⇒ connheço**

	conhecer（知っている）	aquecer（温める）
eu	conheço	aqueço
tu	conheces	aqueces

você/ele/ ela	conhece	aquece
nós	conhecemos	aquecemos
vocês/eles/elas	conhecem	aquecem

私は彼の友達を知っています。
Eu conheço o amigo dele.（conhecer：知っている）

彼は昼食にスープを温めます。
Ele aquece a sopa para o almoço.（aquecer：温める）

2. ger型の直説法現在

語尾が-gerのとき、一人称のみ-gの部分が-jになります。つまりgの後ろがoのときgがjになります。

proteger（保護する）**: Eu protego ⇒ Eu protejo**

	proteger（保護する）	eleger（選ぶ）
eu	protejo	elejo
tu	proteges	eleges
você/ele/ ela	protege	elege
nós	protegemos	elegemos
vocês/eles/elas	protegem	elegem

その団体は弱者を守る。
Este grupo protege os fracos.（proteger：保護する）

3. guer型の直説法現在

語尾が-guerのとき、一人称のみ-goになります。つまり、guの後ろがoのときuがなくなります。

erguer（挙げる・立てる・建てる）: **Eu erguo ⇒ Eu ergo**

	erguer（挙げる・立てる・建てる）
eu	ergo
tu	ergues
você/ele/ ela	ergue
nós	erguemos
vocês/eles/elas	erguem

彼らは彫像を建てます。

Eles erguem uma estátua.（erguer：建てる）

語句説明

conheço（conhecer）　知っている 動

aquece（aquecer）　温める 動

almoço　昼食 男

pequeno almoçoは朝食です。almoçarになると「昼食をとる」「昼食として食べる」という動詞になります。

protege（proteger）　保護する 動

grupo　団体・グループ 男

fracos（fraco）　弱者 男

形容詞で「弱い」という意味もあります。

erguem（eleger）　選ぶ 動

estátua　銅像・彫像 男

トレーニング

1 （　）に適切な語を入れましょう。（　）内の語句はこの課の基本例文で確認してください。

（1）私は彼の友達を知っています。

（　　　）（　　　）o amigo dele.

（2）彼は昼食にスープを温めます。

（　　　）（　　　）a sopa para o almoço.

（3）この団体は弱者を守る。

Este（　　　）（　　　）os fracos

（4）彼らは彫像を建てます。

（　　　）（　　　）uma estátua.

2 次の日本語をポルトガル語に訳しましょう。ポルトガル語はこの課の基本例文で確認してください。

（1）私は彼の友達を知っています。

____

（2）彼は昼食にスープを温めます。

____

（3）この団体は弱者を守る。

____

（4）彼らは彫像を建てます。

____

練習

1 次のポルトガル語を日本語に訳しましょう。

(1) Eu esqueço muita coisa.

(2) Eu protejo as minhas crianças.

(3) Ele rege as despesas.

(4) Eu conheço o nome.

2 次の日本語をポルトガル語に訳しましょう。

(1) 私はこの階段で降ります。

(2) 私は両手をあげます。

(3) 私はパンを毎日温めます。

(4) 彼の弟を知っていますか。

語句説明

esqueço(esquecer)	忘れる 動
coisa	こと・もの 女
crianças(criança)	子ども 女
rege(reger)	管理する･指揮する 動
despesas(despesa)	支出・経費・出費 女
desço(descer)	降りる 動
escadas(escada)	階段 女
ambas(ambos)	両方の 形

11

直説法現在 規則動詞 ir型

Essa loja abre às 10h00.

その店は 10 時に開きます。

▶ 28

基本例文

▶ 27

その店は10時に開きます。
Essa loja abre às 10h00.

私たちは明日日本に出発します。
Nós partimos amanhã para o Japão.

彼らは日本に住んでいません。
Eles não residem no Japão.

あなたはその間違いを認めますか？
Tu admites o erro?

ir型の直説法現在

ここでは規則動詞ir型について学びます。abrirはabrが語幹、-irが語尾になり、語尾が人称に合わせて以下のように変化します。

eu	-o
tu	-es
você/ele/ela	-e
nós	-imos
vocês/eles/ elas	-em

	abrir（開ける）	partir（出発する・割る）	residir（住む）
eu	abro	parto	resido
tu	abres	partes	resides
você/ele/ ela	abre	parte	reside
nós	abrimos	partimos	residimos
vocês/eles/ elas	abrem	partem	residem

その店は10時に開きます。
Essa loja abre às 10h00.（abrir：開ける）

私たちは明日日本に出発します。
Nós partimos amanhã para o Japão.（partir：出発する）

彼らは日本に住んでいません。
Eles não residem no Japão.（residir：住む）

あなたはその間違いを認めますか？
Tu admites o erro?（admitir：認める）

語句説明

loja	店 女	residem（residir）	住む 動
abre（abrir）	開ける 動	admites（admitir）	認める 動
partimos（partir）	出発する・割る 動	erro	間違い 男

トレーニング

1 （　）に適切な語を入れましょう。（　）内の語句はこの課の基本例文で確認してください。

（1）その店は10時に開きます。

Essa (　　　) (　　　) às 10h00.

（2）私たちは明日日本に出発します。

(　　　) (　　　) amanhã para o Japão.

（3）彼らは日本に住んでいません。

Eles (　　　) (　　　) no Japão.

（4）あなたはその間違いを認めますか？

(　　　) (　　　) o erro?

2 次の日本語をポルトガル語に訳しましょう。ポルトガル語はこの課の基本例文で確認してください。

（1）その店は10時に開きます。

____

（2）私たちは明日日本に出発します。

____

（3）彼らは日本に住んでいません。

____

（4）あなたはその間違いを認めますか？

____

練習

1 次のポルトガル語を日本語に訳しましょう。

（1）Eles partem a melancia.

（2）Eles não residem no Japão.

（3）O meu pai abre a loja às 7h30 todos os dias.

（4）Eu abro a torneira.

2 次の日本語をポルトガル語に訳しましょう。

（1）私は東京に住んでいます。

（2）彼らはその企画について討議する。

（3）アントニオはボトルを開ける。

（4）彼らはリスボンを出発する。

語句説明

melancia	スイカ 女
torneira	蛇口 女
discutem（discutir）	論議する・討議する 動
projeto	計画・企画 男
garrafa	ボトル・ビン 女

直説法現在 tir型・gir型・guir型・eguir型

Ela veste o casaco.

彼女は上着を着ます。

30

基本例文

29

彼女は上着を着ます。
Ela veste o casaco.

彼らは会社を経営します。
Eles dirigem uma empresa.

私は授業についていけない。
Eu não sigo a aula.

私は家で勉強することができない
Eu não consigo estudar em casa.

ここでは直接法現在tir型、gir型、guir型、eguir型について学びます。

1. tir型の直説法現在

vestirのように後ろから２番目の母音がeのとき、一人称のみeをiにします。

vestir（着る）**: eu vesto ⇒ eu visto**

	vestir（着る）	despir（脱ぐ）	sentir（感じる）	preferir（〜の方を好む）	ferir（傷つける）	servir（飲食物を出す）
eu	visto	dispo	sinto	prefiro	firo	sirvo
tu	vestes	despes	sentes	preferes	feres	serves
você/ele/ela	veste	despe	sente	prefere	fere	serve
nós	vestimos	despimos	sentimos	preferimos	ferimos	servimos
vocês/eles/ elas	vestem	despem	sentem	preferem	ferem	servem

彼女は上着を着ます。

Ela veste o casaco.（vistir：着る）

2. gir型の直説法現在

語尾が-girのとき一人称は-joになります。つまりgの後ろがoのときjになります。

dirigir（運営する）**: eu dirigo ⇒ eu dirijo**

	dirigir（運営する）	corrigir（直す）	atingir（〜に達する）	tingir（染める）	agir（行なう）
eu	dirijo	corrijo	atinjo	tinjo	ajo
tu	diriges	corriges	atinges	tinges	ages
você/ele/ ela	dirige	corrige	atinge	tinge	age
nós	dirigimos	corrigimos	atingimos	tingimos	agimos
vocês/eles/elas	dirigem	corrigem	atingem	tingem	agem

彼らは会社を経営します。

Eles dirigem uma empresa.（dirigir：運営する・経営する）

3. guir型の直説法現在

語尾が-guirのとき、一人称は-goとなります。つまりguの後ろがoのとき、uがなくなります。

distinguir（区別する）：**eu distinguo ⇒ eu distingo**

	distinguir（区別する）	extinguir（消す）
eu	distingo	extingo
tu	distingues	extingues
você/ele/ ela	distingue	extingue
nós	distinguimos	extinguimos
vocês/eles/ elas	distinguem	extinguem

消防士が火事を消す。

Os bombeiros extinguem um incêndio.（extinguir：消す）

4. eguir型の直説法現在

語尾が-eguirのとき一人称は-igoとなります

seguir（後をついていく）：**eu seguir ⇒ eu sigo**

	seguir（後をついていく）	prosseguir（続ける）	conseguir（達成する）
eu	sigo	prossigo	consigo
tu	segues	prossegues	consegues
você/ele/ ela	segue	prossegue	consegue
nós	seguimos	prosseguimos	conseguimos
vocês/eles/ elas	seguem	prosseguem	conseguem

私は授業についていけない。
Eu não <u>sigo</u> a aula.（seguir：後をついていく）

私は家で勉強することができない。
Eu não <u>consigo</u> estudar em casa.（conseguir：達成する）

※〈conseguir＋動詞の原形〉で「〜することができる」という意味になります。

語句説明

veste (vestir)	着る 動
dirigem (dirigir)	運営する 動
empresa	会社 女
sigo (seguir)	後をついていく 動
aula	授業 女
consigo (conseguir)	達成する・できる 動
conseguir ＋動詞の原形で「〜することができる」	
despir	脱ぐ 動
sentir	感じる 動
preferir	〜の方を好む 動
ferir	傷つける 動
servir	飲食物を出す 動
corrigir	直す 動
atingir	〜に達する 動
tingir	染める 動
agir	行なう 動
distinguir	区別する 動
extinguir	消す 動
bombeiros (bombeiro)	消防士 男
incêndio	火事 男
prosseguir	続ける 動

トレーニング

1 （　）に適切な語を入れましょう。（　）内の語句はこの課の基本例文で確認してください。

（1）彼女は上着を着ます。

（　　　）（　　　）o casaco.

（2）彼らは会社を経営します。

（　　　）（　　　）uma empresa.

（3）私は授業についていけない。

Eu（　　　）（　　　）a aula.

（4）私は家で勉強することができない。

Eu（　　　）（　　　）estudar em casa.

2 次の日本語をポルトガル語に訳しましょう。ポルトガル語はこの課の基本例文で確認してください。

（1）彼女は上着を着ます。

____

（2）彼らは会社を経営します。

____

（3）私は授業についていけない。

____

（4）私は家で勉強することができない。

____

練習

1 次のポルトガル語を日本語に訳しましょう。

(1) A Maria veste as calças.

(2) Eles despem as camisolas.

(3) Eu sirvo o pequeno almoço aos meus pais.

(4) Eu não distingo entre galinha e pato.

2 次の日本語をポルトガル語に訳しましょう。

(1) 私はこのセーターが好きです。

(2) 私は暑いときはこのジャケットを脱ぎます。

(3) うるさくて電話をできない。

(4) 彼は寒いときはセーターを着ます。

語句説明

galinha	鶏 女
pato	カモ・アヒル 男
calor	暑さ 男
telefonar	電話をする 動
barulho	騒音 男

13

直説法現在 不規則動詞 ter

Eu tenho uma casa.

私は家を１つ持っています。

▶ 32

基本例文

▶ 31

私は家を１つ持っています。
Eu tenho uma casa.

彼は45歳です。
Ele tem 45 anos.

私はあまり食欲がありません。
Não tenho muito apetite.

私の両親は１日に２回薬を飲まなければなりません。
Os meus pais têm que tomar o remédio duas vezes por dia.

terは「持つ」「持っている」という意味を表し、よく使われる動詞です。以下のように活用します。

	ter（持つ・持っている）
eu	tenho
tu	tens
você/ele/ ela	tem
nós	temos
vocês/eles/ elas	têm

1. terの直説法現在

terは英語のhaveに相当する語句で、所有を表します。

私は家を１つ持っています。
Eu tenho uma casa.

彼は45歳です。
Ele tem 45 anos.

2. その他の用法

① ter + 抽象名詞

〈ter + 抽象名詞〉は〈estar com + 抽象名詞〉に書き換えることができます。

私はあまり食欲がありません。
Não tenho muito apetite.

Não estou com muito apetite.

② ter que（またはde）+ 動詞の原形

動詞というよりも英語の助動詞のような使い方をします。〈ter que + 動詞の原形〉で「〜する必要がある・〜しなければならない」という意味になります。queの代わりにdeも使われます。

私の両親は１日に２回薬を飲まなければなりません。
Os meus pais têm que tomar o remédio duas vezes por dia.

語句説明

tenho（ter）　持つ 動
anos（ano）　年・年齢 男
apetite　食欲 男
Bom apetite! で「たくさん召し上がれ・たくさん食べて」という意味になります。

remédio　薬 男
vezes（vez）　回 女
duas vezes por dia で「１日につき２回」という意味になります。

トレーニング

1 （　）に適切な語を入れましょう。（　）内の語句はこの課の基本例文で確認してください。

（1）私は家を1つ持っています。

（　　　）（　　　）uma casa.

（2）彼は45歳です。

（　　　）（　　　）45 anos.

（3）私はあまり食欲がありません。

（　　　）（　　　）muito apetite.

（4）私の両親は1日に2回薬を飲まなければなりません。

（　　　）（　　　）（　　　）（　　　）que tomar o remédio duas vezes por dia.

2 次の日本語をポルトガル語に訳しましょう。ポルトガル語はこの課の基本例文で確認してください。

（1）私は家を1つ持っています。

____

（2）彼は45歳です。

____

（3）私はあまり食欲がありません。

____

（4）私の両親は1日に2回薬を飲まなければなりません。

____

練習

1 次のポルトガル語を日本語に訳しましょう。

(1) Nós temos dois filhos.

____

(2) Eles têm uma casa no Porto.

____

(3) Tu tens uma mota nova ?

____

(4) Nós temos que estudar muito.

____

2 次の日本語をポルトガル語に訳しましょう。

(1) 私は頭がとても痛いです。

____

(2) イブとラケルはたくさんのおもちゃを持っています。

____

(3) マキシミナは新しいコンピュータを持っています。

____

(4) 私はブラジルに行かなければなりません。

____

語句説明

mota	オートバイ [女]	brinquedos(brinquedo)	おもちゃ [男]
dores(dor)	痛み [女]	ir	行く [動]
dores de cabeça	頭痛		

直説法現在 不規則動詞 haver

Há um coelho dentro da caixa.

箱の中にウサギがいます。

▶ 34

基本例文

▶ 33

箱の中にウサギがいます。
Há um coelho dentro da caixa.

彼女は10日前から（10日間）病気です。
Ela está doente há dez dias.

私は先生と話さなければなりません。
Hei de falar com a professora.

バスは時間通りに到着するに違いない。
O autocarro há de chegar no horário.

1. haverの直説法現在

haverは三人称単数で存在を表します。英語のthere is（are）に相当し、「いる・ある」の意味で使われ、三人称のháのみが使われます。

箱の中にウサギがいます。
Há um coelho dentro da caixa.（haver：いる・ある）

2. その他用法

① há + 時間：〜の間・〜前から

彼女は10日前から（10日間）病気です。
Ela está doente há dez dias.

彼は昨日から休暇です。
Ela está de férias desde ontem.

※há と desdeの違い
há は「〜の間」英語のforに相当。
desdeは「（ある一点）〜から」英語のsinceに相当。

② haver de + 動詞の原形

動詞というよりも英語の助動詞のような使い方をします。〈haver de + 動詞の原形〉の形で「きっと〜するだろう・〜するつもりである・違いない・しなければならない」などの未来・意志・必要・必然の意味を表します。

	haver de
eu	hei de
tu	hás de
você/ele/ ela	há de
nós	havemos de
vocês/eles/ elas	hão de

私は先生と話さなければなりません。
Hei de falar com a professora.

バスは時間通りに到着するに違いない。
O autocarro há de chegar no horário.

語句説明

há (haver)	いる・ある 動
caixa	箱 女
doente	病気の 形
férias	（複数形で）休暇 女
de férias	休暇中で
autocarro	バス 男
chegar	到着する 動
horário	時刻表 男

トレーニング

1 （　）に適切な語を入れましょう。（　）内の語句はこの課の基本例文で確認してください。

（1）箱の中にウサギがいます。

（　　　）（　　　）coelho dentro da caixa.

（2）彼女は10日前から（10日間）病気です。

Ela está doente（　　　）（　　　）（　　　）.

（3）私は先生と話さなければなりません。

（　　　）（　　　）com a professora.

（4）バスは時間通りに到着するに違いない。

O autocarro（　　　）（　　　）no horário.

2 次の日本語をポルトガル語に訳しましょう。ポルトガル語はこの課の基本例文で確認してください。

（1）箱の中にウサギがいます。

____

（2）彼女は10日前から（10日間）病気です。

____

（3）私は先生と話さなければなりません。

____

（4）バスは時間通りに到着するに違いない。

____

練習

1 次のポルトガル語を日本語に訳しましょう。

（1）Há morangos para a sobremesa.

＿＿＿＿＿＿＿＿＿＿＿＿＿＿＿＿＿＿＿＿

（2）Um cruzeiro pelo Caribe há de ser uma experiência muito interessante.

＿＿＿＿＿＿＿＿＿＿＿＿＿＿＿＿＿＿＿＿

（3）Ha dois cadernos nesta sala.

＿＿＿＿＿＿＿＿＿＿＿＿＿＿＿＿＿＿＿＿

（4）O Pinto está em Paris há dois dias.

＿＿＿＿＿＿＿＿＿＿＿＿＿＿＿＿＿＿＿＿

2 次の日本語をポルトガル語に訳しましょう。

（1）彼女は1週間の休暇です。

＿＿＿＿＿＿＿＿＿＿＿＿＿＿＿＿＿＿＿＿

（2）私は彼女と話すつもりだ。

＿＿＿＿＿＿＿＿＿＿＿＿＿＿＿＿＿＿＿＿

（3）今日はテレビでいい映画があります。

＿＿＿＿＿＿＿＿＿＿＿＿＿＿＿＿＿＿＿＿

（4）すべてのお客様のための椅子があります。

＿＿＿＿＿＿＿＿＿＿＿＿＿＿＿＿＿＿＿＿

語句説明

morangos（morango）	イチゴ 男
sobremesa	デザート 女
cruzeiro	クルーズ・船旅 男
pelo	por（前置詞）＋ o（定冠詞）の縮合形
experiência	経験 女
cadernos（caderno）	ノート 男
filme	映画 男
clientes（cliente）	客 名

15

直説法現在 不規則動詞 ver・ler・querer・poder・saber

Você vê televisão?

あなたはテレビを見ますか？

36

基本例文

35

あなたはテレビを見ますか？
Você vê televisão?

私の父はその本を毎日読みます。
O meu pai lê o livro todos os dias.

彼女はそのペンがほしい。
Ela quer essa caneta.

ここに車を駐車してもいいです。
Pode estacionar o carro aqui.

ver（見る）・ler（読む）・querer（欲する）・poder（できる）：saber（知る）は以下のように活用します。

	ver（見る）	ler（読む）	querer（欲する）	poder（できる）	saber（知る）
eu	vejo	leio	quero	posso	sei
tu	vês	lês	queres	podes	sabes
você/ele/ ela	vê	lê	quer	pode	sabe
nós	vemos	lemos	queremos	podemos	sabemos
vocês/eles/elas	veem	leem	querem	podem	sabem

1. verの直説法現在

verは「見る」という意味の動詞です。

あなたはテレビを見ますか？
Você vê televisão?（ver：見る）

よく使う口語表現として以下のような表現があります。

やってみろ。
Vê lá!

ほら言ったとおりだろ。
Está a ver!

2. lerの直説法現在

lerは「読む」という意味の動詞です。

私の父はその本を毎日読みます。
O meu pai lê o livro todos os dias.（ler：読む）

3. querer の直説法現在

querer は「ほしい」で英語のwantと同じ意味で、よく使われる動詞です。

彼女はそのペンがほしい。
Ela quer essa caneta.（querer：欲する）

また、〈querer＋動詞の原形〉で「～したい」という意味になります。

私はイチゴを食べたい。
Eu quero comer morangos.

4. poderの直説法現在

poderは可能「できる」、推測「かもしれない」、許可「してよい」などの意味を表す動詞です。〈poder＋動詞の原形〉の形でよく使います。

ここに車を駐車してもいいです。
Pode estacionar o carro aqui.（poder：できる）

5. saberの直説法現在

saberは「知っている」という意味の動詞です。知識として知っている場合に使います。

私はその本の著者を知らない。
Não sei o autor do livro.（saber：知っている）

ちなみに、conhecerは「会ったことがある・行ったことがあるので知っている」という意味で使います。

イブを知っていますか（会ったことがありますか）？
Conhece o Ivo?（conhecer：知っている）

6.「できる」の区別

「できる」には今まで学んだpode・saber・conseguirを使います。ここでしっかり区別しておきましょう。

① poder＋動詞の原形　【状況的にすることができる・可能である】

入ってもいいですか？
Posso entrar?（poder：できる）

② saber + 動詞の原形　【知識・技術・能力があってできる】

ミガエルは泳ぐことができる。

O Miguel sabe nadar.（saber：知っている）

③ conseguir + 動詞の原形　【身体的・精神的能力がある】

今日は勉強ができない。

Eu hoje não consigo estudar.（conseguir：できる）

語句説明

estacionar	～を駐車する 動	ler	読む 動
autor	著者 名	querer	欲する 動
entrar	入る 動	poder	できる 動
nadar	泳ぐ 動	saber	知る・知っている 動
ver	見る 動		

トレーニング

1 （　）に適切な語を入れましょう。（　）内の語句はこの課の基本例文で確認してください。

（1）あなたはテレビを見ますか。

（　　　）（　　　）televisão?

（2）私の父はその本を毎日読みます。

O meu（　　　）（　　　）o livro todos os dias.

（3）彼女はそのペンがほしい。

（　　　）（　　　）essa caneta.

（4）ここに車を駐車してもいいです。

（　　　）（　　　）o carro aqui .

2 次の日本語をポルトガル語に訳しましょう。ポルトガル語はこの課の基本例文で確認してください。

（1）あなたはテレビを見ますか。

____

（2）私の父はその本を毎日読みます。

____

（3）彼女はそのペンがほしい。

____

（4）ここに車を駐車してもいいです。

____

練習

1 次のポルトガル語を日本語に訳しましょう。

(1) Eles veem o jogo na televisão.

(2) As crianças não podem ler este livro.

(3) Os meus primos querem passar férias no Algarve.

(4) Pode chover amanhã.

2 次の日本語をポルトガル語に訳しましょう。

(1) サラは泳ぐことができる。

(2) 私は今日働くことができない。

(3) 私はコンピュータで新聞を読みます。

(4) 私たちはポルトガル語を勉強したいです。

語句説明

jogo　ゲーム・試合 男
passar　過ごす・送る 動
jornal　新聞・ニュース 男

直説法現在 不規則動詞 dizer・trazer・fazer・perder

Eu digo a verdade.

私は真実を述べる。

▶ 38

基本例文

▶ 37

私は真実を述べる。
Eu digo a verdade.

私の娘を仕事場に連れてくる。
Trago a minha filha para o trabalho.

エルダーはテーブルを作ります。
O Helder faz uma mesa.

彼らがその試合に負ける。
Eles perdem o jogo.

dizer（言う）・trazer（持ってくる）・fazer（する・作る）・perder（なくす）は以下のように活用します。

	dizer （言う）	trazer （持ってくる）	fazer （する・作る）	perder （なくす）
eu	digo	trago	faço	perco
tu	dizes	trazes	fazes	perdes
você/ele/ ela	diz	traz	faz	perde
nós	dizemos	trazemos	fazemos	perdemos
vocês/eles/ elas	dizem	trazem	fazem	perdem

1. dizerの直説法現在

dizerは「言う」という意味の動詞です。

私は真実を述べる。
Eu digo a verdade.（dizer：言う）

よく使う表現として以下の表現があります。

言ってごらん。
Diz lá. / Diz-me. / Diz-me lá.

2. trazerの直説法現在

trazerは「持ってくる・連れてくる」という意味の動詞です。

私の娘を仕事場に連れてくる。
Trago a minha filha para o trabalho.（trazer：連れてくる）

3. fazerの直説法現在

fazerは「作る・なる・する」という意味の動詞です。

エルダーはテーブルを作ります。
O Helder faz uma mesa.（fazer：作る）

英語のmakeのように様々な場面で使います。

- **Sete e dois fazem nove.**（7足す2は9）
- **fazer a cama**（ベッドを整える）
- **fazer o jantar**（夕食を準備する）
- **fazer～ anos**（誕生日を迎える・～才になる）

4. perderの直説法現在

perderは「なくす・失う・負ける・乗り遅れる」という意味の動詞です。

私は食欲がない。

Eu perco o apetite.（perder：なくす）

彼らがその試合に負ける。

Eles perdem o jogo.（perder：負ける）

語句説明

dizer	言う 動
verdade	真実 女
trazer	持ってくる 動
trabalho	仕事 男
fazer	する 動
perder	なくす・失う 動
cama	ベット 女

トレーニング

1 （　）に適切な語を入れましょう。（　）内の語句はこの課の基本例文で確認してください。

（1）私は真実を述べる。

（　　　）（　　　）**a verdade.**

（2）私の娘を仕事場に連れていく。

（　　　）（　　　）**minha filha para o trabalho.**

（3）エルダーはテーブルを作ります。

O Helder（　　　）（　　　）mesa.

（4）彼らがその試合に負ける。

（　　　）（　　　）**o jogo.**

2 次の日本語をポルトガル語に訳しましょう。ポルトガル語はこの課の基本例文で確認してください。

（1）私は真実を述べる。

____

（2）私の娘を仕事場に連れていく。

____

（3）エルダーはテーブルを作ります。

____

（4）彼らがその試合に負ける。

____

練習

1 次のポルトガル語を日本語に訳しましょう。

（1）Quando é que trazes os meus livros?

（2）Eles fazem exercícios durante a tarde.

（3）Eles perdem sempre os brinquedos.

（4）O meu pai faz o jantar aos domingos.

2 次の日本語をポルトガル語に訳しましょう。

（1）彼は毎日昼食を持ってきます。

（2）あなたの誕生日はいつですか?

（3）5足す2は7。

（4）私は食欲をなくす。

語句説明

quando	いつ ※詳しくは「疑問詞」を参照。	exercicios（exercício）	運動・練習 男
boneco	人形 男	sempre	いつも 副

直説法現在 不規則動詞 pedir・ouvir・dormir・subir

Tu pedes desculpa.

あなたは許しをこう。

40

基本例文

39

あなたは許しをこう。
Tu pedes desculpa.

彼女は毎日音楽を聞きます。
Ela ouve música todos os dias.

私の父は毎日８時間寝ます。
O meu pai dorme por oito horas todos os dias.

エレベーターで上がったの？
Sobes de elevador?

pedir（頼む）・ouvir（聞く）・dormir（眠る）・subir（上がる）は以下のように活用します。

	pedir（頼む）	ouvir（聞く）	dormir（眠る）	subir（上がる）
eu	peço	ouço/oiço	durmo	subo
tu	pedes	ouves	dormes	sobes
você/ele/ela	pede	ouve	dorme	sobe
nós	pedimos	ouvimos	dormimos	subimos
vocês/eles/ elas	pedem	ouvem	dormem	sobem

1. pedirの直説法現在

pedirは「頼む・依頼する・求める」という意味の動詞です。

あなたは許しをこう。
Tu pedes desculpa.（pedir：頼む）

2. ouvirの直説法現在

ouvirは「聞く」という意味の動詞です。一人称の活用はouçoとoiçoがありますが、ouçoは主に北の地方で、oiçoは主に南の地方で使われています。

彼女は毎日音楽を聞きます。
Ela ouve música todos os dias.（ouvir：聞く）

3. dormirの直説法現在

dormirは「眠る」という意味の動詞です。

私の父は毎日８時間寝ます。
O meu pai dorme por oito horas todos os dias.（dormir：眠る）

4. subirの直説法現在

subirは「登る・上がる」という意味の動詞です。

エレベーターで上がったの？
Sobes de elevador?（subir：登る・上がる）

※de 「(乗り物などの手段)～で」(ただし、徒歩ではa péとなります)

語句説明

pedes (pedir)	頼む 動	dorme (dormir)	眠る 動
desculpa	容赦・勘弁 女	sobes (subir)	上がる 動
ouve (ouvir)	聞く 動	elevador	エレベーター 男
música	音楽 女		

トレーニング

1 次のポルトガル語を日本語に訳しましょう。

(1) あなたは許しをこう。

( ) ( ) desculpa

(2) 彼女は毎日音楽を聞きます。

( ) ( ) música todos os dias.

(3) 私の父は毎日8時間に寝ます。

O meu ( ) ( ) por oito horas todos os dias.

(4) エレベーターで上がったの?

( ) ( ) elevador?

2 次の日本語をポルトガル語に訳しましょう。

(1) あなたは許しをこう。

____

(2) 彼女は毎日音楽を聞きます。

____

(3) 私の父は毎日8時間に寝ます。

____

(4) エレベーターで上がったの?

____

練習

1 次のポルトガル語を日本語に訳しましょう。

（1）Eles ouvem as notícias na rádio.

（2）Os meus pais dormem na cama.

（3）Eu subo as escadas várias vezes ao dia.

（4）Nós pedimos sempre a mesma coisa.

2 次の日本語をポルトガル語に訳しましょう。

（1）よく聞こえません。

（2）私はパジャマで寝ます。

（3）遅れてすみません。

（4）私はいつもダイエットのため階段で上がります。

語句説明

notícias(notícia)	ニュース・情報 [女]
rádio	ラジオ [男]
várias(vário)	かなりの・比較的多数の・いろいろな・多種多様な [形]

várias vezes　何回も
vez「回」が女性名詞で、その複数形なのでváriasになっています。

mesma(mesmo)	同じの [形]
atraso	遅延・遅れ [男]
para	～ために・～に向けて [前]

para ＋動詞の原形「～のために」

dieta	ダイエット [女]

18 直説法現在 不規則動詞 vir・ir・pôr・dar

Ele vem de carro.

彼は車で来ます。

▶ 42

基本例文

▶ 41

彼は車で来ます。
Ele vem de carro.

泳ぎましょう。
Vamos nadar.

サラはいつも眼鏡をテーブルの上に置く。
A Sara põe sempre os óculos na mesa.

私は医者に向いていない。
Não dou para médico.

vir（来る）・ir（行く）・pôr（置く）・dar（与える）は以下のように活用します。

	vir （来る）	ir （行く）	pôr （置く）	dar （与える）
eu	venho	vou	ponho	dou
tu	vens	vais	pões	dás
você/ele/ ela	vem	vai	põe	dá
nós	vimos	vamos	pomos	damos
vocês/eles/elas	vêm	vão	põem	dão

1. virの直説法現在

virは「来る」という意味の動詞です。

彼は車で来る。

Ele vem de carro.（vir：来る）

① vir de「～から来る」

彼らはバルセロスから来ます。

Eles vêm de Barcelos.

② vir para / a「～に来る」

私の母は日本に来ます。（そのまま日本に住む）

A minha mãe vem para o Japão.

vir paraはそこに長く滞在する場合に用います。

私の母は日本に来ます。（少し滞在してまた帰る）

A minha mãe vem ao Japão.

vir a はそこに長くは滞在しない場合に用います。

2. irの直説法現在

irは「行く」という意味の動詞です。

私は車で行く。

Eu vou de carro.（ir：行く）

① ir para/a「～に行く」

私はアメリカに行きます。（そのままアメリカに住む）

Eu vou para a América.

私はアメリカに行きます。（一時的に行く）
Eu vou à América.

②〈vamos ＋ 動詞の原形〉「～しましょう」

泳ぎましょう。
Vamos nadar.

英語のLet'sにあたります。

ただし、「行きましょう」はVamos ir.とは言わず、Vamos.だけです。

3. pôrの直説法現在

pôrは「置く・入れる」という意味の動詞です。

サラはいつも眼鏡をテーブルの上に置く。
A Sara põe sempre os óculos na mesa.（pôr：置く）

その他、pôrは「身につける」という意味で使います。

pôr o chapéu（帽子をかぶる）

pôr os óculos（眼鏡をかける）

ただし、衣服を身につける場合はvestirを使います。

vestir o casaco（上着を着る）

vestir as calças（ズボンをはく）

手や足などに身につける場合はcalçarを使います。

calçar os sapatos（靴をはく）

calçar as luvas（手袋をはめる）

「身につけている」という状態を表す場合はusarを使います。

usar o chapéu（帽子をかぶっている）

usar o casaco（上着を着ている）

usar os sapatos（靴をはいている）

4. darの直説法現在

darは「与える」という意味の動詞です。〈dar ～ a〉「（人）に～を与える」という形でよく使います。

彼女は手袋をエルダーにあげます。
Ela dá as luvas ao Helder.（dar：与える）

dar paraにはいくつかの意味があります。

①「～に向いている」

私は医者に向いていない。
Não dou para médico.

②「～に面している」

私の家は山に面している。
A minha casa dá para o monte.

③「～に十分である」

そのお金では旅行には十分でない。
O dinheiro não dá para a viagem.

語句説明

vem（vir）	来る 動
vamos（ir）	行く 動
põe（pôr）	置く 動
óculos	（複数形で）眼鏡 男
dou（dar）	与える 動
monte	山 男
viagem	旅行 女

トレーニング

1 （　）に適切な語を入れましょう。（　）内の語句はこの課の基本例文で確認してください。

（1）彼は車で来ます。

（　　　）（　　　）de carro.

（2）泳ぎましょう。

（　　　）（　　　）.

（3）サラはいつも眼鏡をテーブルの上に置く。

A Sara（　　　）（　　　）os óculos na mesa.

（4）私は医者に向いていない。

Não（　　　）（　　　）médico.

2 次の日本語をポルトガル語に訳しましょう。ポルトガル語はこの課の基本例文で確認してください。

（1）彼は車で来ます。

____

（2）泳ぎましょう。

____

（3）サラはいつも眼鏡をテーブルの上に置く。

____

（4）私は医者に向いていない。

____

練習

1 次のポルトガル語を日本語に訳しましょう。

(1) Elas vão às compras.

(2) Nós vamos de carro.

(3) Ela põe a maquina de lavar aqui.

(4) O Miguel dá uma festa todos os dias.

2 次の日本語をポルトガル語に訳しましょう。

(1) 私はテーブルの上に本（複数）を置きます。

(2) 彼は頻繁に妻にプレゼントをあげます。

(3) 彼らはポルトから来ます。

(4) あなたは自転車で行きます。

語句説明

compras（compra） 買い物 女・買い物をする 動

maquina de lavar 洗濯機 女

frequência 頻度・頻繁・よく行くこと 女

19

進行形

Eles estão a ler o livro.

彼らは本を読んでいます。

44

基本例文

43

彼らは本を読んでいます。
Eles estão a ler o livro.

私はテレビを見ています。
Eu estou a ver televisão.

私の息子たちはサッカーをやっています。
Os meus filhos estão a jogar futebol.

今日は雪が降っています。
Hoje está a nevar.

進行形の作り方

現在進行形は、今まさに行なわれていることを表します。ポルトガル語の進行形は〈estar＋a＋動詞の原形〉です。なお、ブラジル・ポルトガル語では〈estar＋現在分詞〉になります。

なお、estarは主語によって以下のように変えます。

	estar a ＋動詞の原形
eu	estou a estudar
tu	estás a estudar
você/ele/ ela	está a estudar
nós	estamos a estudar
vocês/eles/ elas	estão a estudar

彼らは本を読んでいます。
Eles estão a ler o livro.

私はテレビを見ています。
Eu estou a ver televisão.

私の息子たちはサッカーをやっています。
Os meus filhos estão a jogar futebol.

天候・天気を表す場合は、三人称単数で表します。天候・天気についての詳細は「天気に関する表現」を参照してください。

今日は雪が降っています。
Hoje está a nevar.

トレーニング

1 (　)に適切な語を入れましょう。(　)内の語句はこの課の基本例文で確認してください。

(1) 彼らは本を読んでいます。

Eles (　　　) (　　　) (　　　) o livro.

(2) 私はテレビを見ています。

Eu (　　　) (　　　) (　　　) televisão.

(3) 私の息子たちはサッカーをやっています。

Os meus filhos (　　　) (　　　) (　　　) futebol.

(4) 今日は雪が降っています。

Hoje (　　　) (　　　) (　　　).

2 次の日本語をポルトガル語に訳しましょう。ポルトガル語はこの課の基本例文で確認してください。

(1) 彼らは本を読んでいます。

____

(2) 私はテレビを見ています。

____

(3) 私の息子たちはサッカーをやっています。

____

(4) 今日は雪が降っています。

____

練習

1 次のポルトガル語を日本語に訳しましょう。

（1）Hoje está a chover.

（2）Eu estou a beber chá.

（3）A minha mãe está a arrumar a cozinha.

（4）A Ana está a dormir.

2 次の日本語をポルトガル語に訳しましょう。

（1）雪は降っていません。

（2）あなたは手紙を書いていますか？（tuを主語にして）

（3）ブルーノとミガエルは働いています。

（4）彼は通りを渡っています。

語句説明

arrumar	整頓する・片づける 動
carta	手紙 女
trabalhar	働く 動
atravessar	横断する・横切る 動

20

未来形

O meu pai voltará para casa amanhã.

私の父は明日家に帰ってきます。

46

基本例文

45

私の父は明日家に帰ってきます。
O meu pai voltará para casa amanhã.

私は自転車を買うでしょう。
Eu comprarei uma bicicleta.

彼らはアナのためにプレゼントを持ってくるだろう。
Eles trarão presentes para a Ana.

私は明日泳ぎます。
Irei nadar amanhã.

未来形の作り方

未来形は動詞の語尾に関係なく、動詞の原形に -ei, -ás, -á, -emos, -ão をつけます。

eu	-ei
tu	-ás
você/ele/ela	-á
nós	-emos
vocês/eles/ elas	-ão

	falar（話す）
eu	falarei
tu	falarás
você/ele/ela	falará
nós	falaremos
vocês/eles/elas	falarão

私の父は明日家に帰ってきます。
O meu pai voltará para casa amanhã.（voltar：戻る・帰る）

私は自転車を買うでしょう。
Eu comprarei uma bicicleta.（comprar：買う）

例外は-zerで終わる動詞のみです。-zerで終わる場合、zeを省いて-ei, -ás, -á, -emos, -ãoをつけます。

	trazer（持ってくる）
eu	trarei
tu	trarás
você/ele/ela	trará
nós	traremos
vocês/eles/elas	trarão

彼らはアナのためにプレゼントを持ってくるだろう。
Eles trarão presentes para a Ana.

口語では未来を表すのに〈ir＋動詞の原形〉「～するだろう・するでしょう」をよく使いますので、この形もしっかり覚えてください。

私は明日泳ぎます。
Irei nadar amanhã.
－ Vou nadar amanhã.

語句説明

voltará（voltar）　戻る・帰る・再び～する 動

トレーニング

1 （　）に適切な語を入れましょう。（　）内の語句はこの課の基本例文で確認してください。

（1）私の父は明日家に帰ってきます。

O meu (　　　) (　　　) para casa amanhã.

（2）私は自転車を買うでしょう。

(　　　) (　　　) uma bicicleta.

（3）彼らはアナのためにプレゼントを持ってくるだろう。

(　　　) (　　　) presentes para a Ana.

（4）私は明日泳ぎます。

(　　　) (　　　) amanhã.

2 次の日本語をポルトガル語に訳しましょう。ポルトガル語はこの課の基本例文で確認してください。

（1）私の父は明日家に帰ってきます。

____

（2）私は自転車を買うでしょう。

____

（3）彼らはアナのためにプレゼントを持ってくるだろう。

____

（4）私は明日泳ぎます。

____

練習

1 次のポルトガル語を日本語に訳しましょう。

（1）Ele amanhã às 5h partirá para Lisboa.

（2）O meu irmão chegará às 15h à Coreia.

（3）As lojas abrirão às 9:00.

（4）Elas ficarão lá dois dias.

2 次の日本語をポルトガル語に訳しましょう。

（1）その飛行機は30分以内に出発するでしょう。

（2）彼は医者になるでしょう。

（3）マリアは来月家に戻るでしょう。

（4）あなたは試験のためにたくさん勉強するでしょう。

語句説明

mês que vem　来月

21

疑問詞

O que é que tens?

何を持っているの？

▶ 48

基本例文

▶ 47

何を持っているの？
O que é que tens?

あの方はどなたですか？
Quem é aquele senhor?

ミガエルの職業は何ですか？
Qual é a profissão do Miguel?

これはいくらですか？
Quanto custa isto?

ここでは疑問詞について学びます。

疑問詞がある場合の疑問文の作り方は、以下のようになります。

① 疑問詞を一番前に置き、主語と動詞をひっくり返す。

② 主語＋動詞の語順のまま é que を動詞の前に挿入する。

両方とも主語が省略される場合があります。

1. que（何）

物に対して用いられます。性数変化はありません。

① 代名詞としての例：que（何が・何を）

何を持っているの？
O que é que tens?

② 形容詞としての例：que（何の）

何時ですか？
Que horas são ?

③ 前置詞が前に付く例

あなたの家は何色ですか？
De que cor é a tua casa?

何時に授業が終わりますか？
A que horas termina a aula?

2. quem（誰が・誰を）

人に対して用いられます。性数変化はありません。

① 代名詞としての例：quem（誰が・誰を）

あの方はどなたですか？
Quem é aquele senhor?

⇒ 先生です。
É o professor.

② 前置詞が前に付く場合

このかばんは誰のですか？
De quem é esta carteira?

⇒ 彼のです。
É dele.

3. qual・quais（どれが・どれを）

人と物に対して使われ、数変化します。複数の場合はquaisになります。

① 代名詞としての例：qual（どれが・どれを）

ミガエルの職業は何ですか？
Qual é a profissão do Miguel?

⇒ 先生です。
É professor. 〈職業を表すので無冠詞〉

彼らのペンはどれですか？
Quais são as canetas deles?

⇒ これらです。
São estas.

主語が複数なのでquaisを使います。

4. quanto（どれだけ・どれだけを・何人が・何人を）

性数変化します。

① 代名詞としての例：quanto（どれだけが・どれだけを・何人が・何人を）

これはいくらですか？
Quanto custa isto?

⇒ 50ユーロです。
50 euros.

いくつ持っているの？
Quantos tens?

⇒ 5つ持っています。
Tenho 5.

② 代名詞としてのquanto(s)（どれだけの）

部屋に何人いますか？
Quantas pessoas há na sala?

pessoas（女性・複数）にあわせてquantasになります。

5. onde（どこに）

いわゆる英語のwhereです。

① 前置詞がない場合

あなたの家はどこですか？
Onde fica a tua casa?

⇒ 駅の近くです。
Fica perto da estação.

② 前置詞が付く場合

基本的には前置詞とondeは離して書きますが、a + ondeのみaondeという縮合形を使います。

あなたはどこの出身ですか？
De onde és?

⇒ 私は東京出身です。
Sou de Toquio.

どこに行くのですか？
Aonde vai?

⇒ 医者に行きます。
Vou ao médico.

6. como（いかに・どのように）

いわゆる英語のhowです。

お元気ですか？
Como está?

⇒ 元気です。ありがとうございます。
Bem, obrigada.

7. quando（いつ）

いわゆる英語のwhenです。

いつ日本に出発しますか？
Quando é que parte para o Japão?

⇒ 明日出発します。
Parto amanhã.

8. porque（なぜ）

いわゆる英語のwhyとbecauseです。

なぜあなたは忙しいのですか？
Porque é que tu estás ocupado?（why）

⇒ 仕事がたくさんあるからです。
Porque tenho muito trabalho.（because）

Porquê?（なんで？）は一言でもよく使います。

疑問詞を使った日常会話

家族の方はお元気ですか？
Como está a sua família?

お子さんはお元気ですか？
Como estão os miudos?

ラケルちゃんは今、いくつですか？
Quantos anos tem a Raquel?

イブちゃんは今、何年生ですか？
Em que ano está o Ivo?

仕事の調子はどう？
Como vai o trabalho?

語句説明

que	何が・何を・何の
quem	誰が・誰を
qual	どれが・どれを
profissão	職業 女
quanto	どれだけが・どれだけを・何人が・何人を・どれだけの
custa(custar)	費用がかかる 動
termina(terminar)	終える 動
onde	どこに
perto	近くに 副
perto de	～の近くに
como	いかに・どのように
quando	いつ
porque	なぜ
ocupado	忙しい 形

トレーニング

1 （　）に適切な語を入れましょう。（　）内の語句はこの課の基本例文で確認してください。

（1）何を持っているの？

（　　　）（　　　）é que tens?

（2）あの方はどなたですか？

（　　　）（　　　）aquele senhor?

（3）ミガエルの職業は何ですか？

（　　　）（　　　）a profissão do Miguel?

（4）これはいくらですか？

（　　　）（　　　）isto?

2 次の日本語をポルトガル語に訳しましょう。ポルトガル語はこの課の基本例文で確認してください。

（1）何を持っているの？

____

（2）あの方はどなたですか？

____

（3）ミガエルの職業は何ですか？

____

（4）これはいくらですか？

____

練習

1 次のポルトガル語を日本語に訳しましょう。

(1) Qual é a profissão dela?

(2) De quem é o carro na entrada?

(3) Porque é que tu estás ocupado?

(4) Quantos kilometros são daqui a Lisboa?

2 次の日本語をポルトガル語に訳しましょう。

(1) その贈り物は誰のため?

(2) あなたのクラスには何人の生徒がいますか?

(3) いつ戻りますか?

(4) 私のペンはどこですか?

語句説明

entrada　入り口 女
turma　クラス・組・同級生 女
regressa(regressar)　戻る 動

直説法完全過去 規則動詞 ar型

Tu já estudaste?

勉強したの？

50

基本例文

49

勉強したの？

Tu já estudaste?

彼は新しいズボンを買った。

Ele comprou umas calças novas.

テレビをつけたの？

Tu ligaste a televisão?

私は9時に仕事を始めた。

Eu comecei a trabalhar às 9:00.

1. 過去形について

過去形には2つのタイプがあり、1つはこの章で学ぶ完全過去で、過去のある一点で動作が完了しているものです。それに対し、不完全過去というのは過去において動作・状態が継続しているものです（詳しくは不完全過去の章で解説します）。たとえば、「彼女はポルトガルで生まれた」は生まれたのは過去の一点を指すので、完全過去を使います。それに対して、「彼女は以前ポルトガルに住んでいた」は過去の一定の期間継続して住んでいるので不完全過去を使います。

2. 直説法完全過去

直説法完全過去は過去のある一点に動作・状態が完了したことで、その事実を単に述べるとき（直説法）に使います。

この章ではar型の動詞について学びます。ar動詞は-ei, -aste, -ou, -ámos, -aramと活用します。

eu	-ei
tu	-aste
você/ele/ela	-ou
nós	-ámos
vocês/eles/ elas	-aram

	falar（話す）
eu	falei
tu	falaste
você/ele/ela	falou
nós	falámos
vocês/eles/elas	falaram

勉強したの？

Tu já estudaste?（estudar：勉強する）

彼は新しいズボンを買った。

Ele comprou umas calças novas.（comprar：買う）

テレビをつけたの？

Tu ligaste a televisão?（ligar：スイッチを入れる）

ただし、語尾が-çar, -car, -garの場合、一人称単数（eu）がそれぞれ-cei, -quei, -gueiとなります。

começar（始まる）⇒ **comecei**　　**ficar**（留まる）⇒ **fiquei**

chegar（到着する）⇒ **cheguei**

	começar（始まる）	ficar（留まる）	chegar（到着する）
eu	comecei	fiquei	cheguei
tu	começaste	ficaste	chegaste
você/ele/ela	começou	ficou	chegou
nós	começámos	ficámos	chegámos
vocês/eles/elas	começaram	ficaram	chegaram

私は9時に仕事を始めた。

Eu comecei a trabalhar às 9:00.（começar：始まる）

語句説明

já　すでに 副

ligaste（ligar）　スイッチを入れる・電話をする 動

トレーニング

1 （　）に適切な語を入れましょう。（　）内の語句はこの課の基本例文で確認してください。

（1）勉強したの？

Tu (　　　) (　　　)?

（2）彼は新しいズボンを買った。

(　　　) (　　　) umas calças novas.

（3）テレビをつけたの？

(　　　) (　　　) a televisão ?

（4）私は9時に仕事を始めた。

(　　　) (　　　) a trabalhar às 9:00.

2 次の日本語をポルトガル語に訳しましょう。ポルトガル語はこの課の基本例文で確認してください。

（1）勉強したの？

____

（2）彼は新しいズボンを買った。

____

（3）テレビをつけたの？

____

（4）私は9時に仕事を始めた。

____

練習

1 次のポルトガル語を日本語に訳しましょう。

(1) Eu jantei com o meu sogro ontem.

(2) Eles viajaram na segunda feira para a America.

(3) Ela voltou a fazer bolo de ananáz.

(4) Nós ontem acordámos às seis horas da manhã.

2 次の日本語をポルトガル語に訳しましょう。

(1) 私は子どもたちを映画に連れていきました。

(2) 彼らはポルトに2日間いました。

(3) 私は水と電気をクレジットカードで払いました。

(4) 彼は新しい計画を始めた。

語句説明

voltou (voltar)	再び～する・戻る・帰る 動
voltar a falar	再び話す
voltar a fazer	再び作る
acordámos (acordar)	起きる・目を覚ます 動
cinema	映画 男

語尾がaですが男性名詞です。

água	水 女
cartão	カード 男
crédito	貸付・信用・クレジット 男
cartão de crédito	クレジットカード
começar com ＋名詞	～に着手する・～を開始する
plano	計画 男

23

直説法完全過去 規則動詞 er型

Eu nasci em Lisboa.

私はリスボンで生まれた。

52

基本例文

51

私はリスボンで生まれた。
Eu nasci em Lisboa.

あなたは昨日たくさん食べた。
Tu comeste muito ontem.

あなたは30年間ポルトに住んでいたのですか？
Tu viveste no Porto durante 30 anos?

その本はすでに読んだ。
Já li esse livro.

er型の直説法完全過去

er動詞の完全過去は -i, -este, -eu, -emos, -eram と活用します。

eu	-i
tu	-este
você/ele/ela	-eu
nós	-emos
vocês/eles/ elas	-eram

	nascer（生まれる）
eu	nasci
tu	nasceste
você/ele/ela	nasceu
nós	nascemos
vocês/eles/elas	nasceram

私はリスボンで生まれた。
Eu nasci em Lisboa.（nascer：生まれる）

あなたは昨日たくさん食べた。
Tu comeste muito ontem.（comer：食べる）

あなたは30年間ポルトに住んでいたのですか？
Tu viveste no Porto durante 30 anos?（viver：住む）

その本はすでに読んだ。
Já li esse livro.（ler：読む）

語句説明

nasci（nascer）　生まれる 動

トレーニング

1 (　)に適切な語を入れましょう。(　)内の語句はこの課の基本例文で確認してください。

(1) 私はリスボンで生まれた。

(　　　)(　　　) em Lisboa.

(2) あなたは昨日たくさん食べた。

(　　　)(　　　) muito ontem.

(3) あなたは30年間ポルトに住んでいたのですか?

(　　　)(　　　) no Porto durante 30 anos ?

(4) その本はすでに読んだ。

(　　　)(　　　) esse livro.

2 次の日本語をポルトガル語に訳しましょう。ポルトガル語はこの課の基本例文で確認してください。

(1) 私はリスボンで生まれた。

____

(2) あなたは昨日たくさん食べた。

____

(3) あなたは30年間ポルトに住んでいたのですか?

____

(4) その本はすでに読んだ。

____

練習

1 次のポルトガル語を日本語に訳しましょう。

(1) Nós ontem comemos em casa da Rosa.

(2) Nós ontem escolhemos um presente de Natal para a Raquel.

(3) Ela nasceu no dia de S. Valentim.

(4) Elas perderam os documentos.

2 次の日本語をポルトガル語に訳しましょう。

(1) 昨日私たちはタラとジャガイモ(batatas com bacalhau)を食べました。

(2) ミガエルはお財布をなくしました。

(3) 彼らは夕食で赤ワインを飲みました。

(4) カルロスは新聞を読みました。

語句説明

escolhemos(escolher)	選ぶ 動
Natal	クリスマス 女
documentos(documento)	書類 男
bacalhau	タラ 男

vinho	ワイン 男
tinto	着色した 形
vinho tinto	赤ワイン
vinho branco	白ワイン

直説法完全過去 規則動詞 ir型

Eu abri o guarda-chuva.

私は傘を広げた。

54

基本例文

53

私は傘を広げた。
Eu abri o guarda-chuva.

昨日イブはコップを割った。
Ontem o Ivo partiu um copo.

彼らはオレンジジュースを２つ頼んだ。
Eles pediram dois sumos de laranja.

彼はテストに合格することができた。
Ele conseguiu passar no teste.

ir型直説法完全過去

ir動詞の完全過去は -i, -iste, -iu, -imos, -iram と活用します。

eu	-i
tu	-iste
você/ele/ela	-iu
nós	-imos
vocês/eles/ elas	-iram

	abrir（開ける）
eu	abri
tu	abriste
você/ele/ela	abriu
nós	abrimos
vocês/eles/elas	abriram

私は傘を広げた。
Eu abri o guarda-chuva.（abrir：開ける）

昨日イブはコップを割った
Ontem o Ivo partiu um copo.（partir：割る）

彼らはオレンジジュースを２つ頼んだ。
Eles pediram dois sumos de laranja.（pedir：頼む）

彼はテストに合格することができた。
Ele conseguiu passar no teste.（conseguir：できる）

語句説明

passar em＋名詞　～に合格する
teste　テスト・試験 男

トレーニング

1 （　）に適切な語を入れましょう。（　）内の語句はこの課の基本例文で確認してください。

（1）私は傘を広げた。

（　　　）（　　　）o guarda-chuva.

（2）昨日イブはコップを割った。

Ontem o（　　　）（　　　）um copo.

（3）彼らはオレンジジュースを2つ頼んだ。

（　　　）（　　　）dois sumos de laranja.

（4）彼はテストに合格することができた。

（　　　）（　　　）passar no teste.

2 次の日本語をポルトガル語に訳しましょう。ポルトガル語はこの課の基本例文で確認してください。

（1）私は傘を広げた。

____

（2）昨日イブはコップを割った。

____

（3）彼らはオレンジジュースを2つ頼んだ。

____

（4）彼はテストに合格することができた。

____

練習

1 次のポルトガル語を日本語に訳しましょう。

（1）Eu abri o frigorífico.

（2）Nós ouvimos muito barulho durante a noite.

（3）O meu filho abriu a porta da garagem.

（4）O meu pai decidiu deixar de fumar a partir de hoje.

2 次の日本語をポルトガル語に訳しましょう。

（1）私たちは時間内に到着することができました。

（2）あなたがジュースを開けたの？

（3）昨日の夜胃が痛かった。

（4）よく寝た？（tuを主語に）

語句説明

frigorífico　冷蔵庫 男
garagem　ガレージ・車庫 女
decidiu（decidir）　決定する 男
英語のdecideですが、decidirの後ろは動詞の原形が来ます。
deixar　やめる・捨てる 動
deixar de ＋動詞の原形・名詞　～するのをやめる

fumar　たばこを吸う 動
deixar de fumar　禁煙する
a partir de　～から・～以来・～以降
a partir de hoje　今日から

estômago　胃 男

直説法完全過去 不規則動詞 ser・ir・estar・ter・haver

O exame ontem foi difícil.

昨日の試験は難しかった。

▶ 56

基本例文

▶ 55

昨日の試験は難しかった。
O exame ontem foi difícil.

あなたは学校に行ったの？
Tu foste à escola?

私たちは昨日カフェにいました。
Nós ontem estivemos no café.

彼らはたくさんの仕事があった。
Eles tiveram muito trabalho.

ser・ir・estar・ter・haverの直説法完全過去

ser/ir（～である/行く）・estar（いる・ある・～である）・ter（持つ）・haver（持つ・ある）の完全過去は不規則に変化します。

	ser/ir（～である/行く）	estar（いる・ある・～である）	ter（持つ）	haver（持つ・ある）
eu	fui	estive	tive	
tu	foste	estiveste	tiveste	
você/ele/ela	foi	esteve	teve	houve
nós	fomos	estivemos	tivemos	
vocês/eles/elas	foram	estiveram	tiveram	

昨日の試験は難しかった。
O exame ontem foi difícil.（ser：～である）

あなたは学校に行ったの？
Tu foste à escola?（ir：行く）

私たちは昨日カフェにいました。
Nós ontem estivemos no café.（estar：いる・ある・～である）

彼らはたくさんの仕事があった。
Eles tiveram muito trabalho.（ter：持つ）

トレーニング

1 （　）に適切な語を入れましょう。（　）内の語句はこの課の基本例文で確認してください。

（1）昨日の試験は難しかった。

O exame ontem（　　　）（　　　）.

（2）あなたは学校に行ったの？

（　　　）（　　　）à escola?

（3）私たちは昨日カフェにいました。

Nós ontem（　　　）（　　　）café.

（4）彼らはたくさんの仕事があった。

（　　　）（　　　）muito trabalho.

2 次の日本語をポルトガル語に訳しましょう。ポルトガル語はこの課の基本例文で確認してください。

（1）昨日の試験は難しかった。

____

（2）あなたは学校に行ったの？

____

（3）私たちは昨日カフェにいました。

____

（4）彼らはたくさんの仕事があった。

____

練習

1 次のポルトガル語を日本語に訳しましょう。

(1) Eles anteontem estiveram no escritório.

(2) Ontem houve uma aula.

(3) Elas foram às compras.

(4) A Maximina esteve doente.

2 次の日本語をポルトガル語に訳しましょう。

(1) 先月はたくさんの休日がありました。(haverを使って)

(2) 彼らは映画館に行きました。

(3) ミガエルと一緒にいたの?

(4) 彼はバスで仕事に行った。

語句説明

escritório 事務所 男
mês passado 先月
feriados(feriado) 休日・祝祭日 男

26

直説法完全過去 不規則動詞 dizer・trazer・fazer・saber・querer・cair・sair

O que é que tu disseste?

あなたは何て言ったの？

▶ 58

基本例文

▶ 57

あなたは何て言ったの？
O que é que tu disseste?

ポルトガル語の本を持ってきた？
Tu trouxeste o livro de português?

彼は何が起こったのかを知らなかった。
Ele não soube o que aconteceu.

彼らはこのスーパーで買い物をしました。
Eles fizeram compras neste supermercado.

dizer・trazer・fazer・saber・querer・cair・sairの直説法完全過去

dizer（言う）・trazer（持ってくる）・fazer（する）・saber（知っている）・querer（欲しがる）・cair（落ちる）・sair（外出する）の完全過去は不規則に変化します。

	dizer （言う）	trazer （持ってくる）	fazer （する）	saber （知っている）
eu	disse	trouxe	fiz	soube
tu	disseste	trouxeste	fizeste	soubeste
você/ele/ ela	disse	trouxe	fez	soube
nós	dissemos	trouxemos	fizemos	soubemos
vocês/eles/elas	disseram	trouxeram	fizeram	souberam

	querer（欲しい）	cair（落ちる）	sair（外出する）
eu	quis	caí	saí
tu	quiseste	caíste	saíste
você/ele/ela	quis	caiu	saiu
nós	quisemos	caímos	saímos
vocês/eles/elas	quiseram	caíram	saíram

あなたは何て言ったの？
O que é que tu disseste?（dizer：言う）

ポルトガル語の本を持ってきた？
Tu trouxeste o livro de português?（trazer：持ってくる）

彼は何が起こったのかを知らなかった。
Ele não soube o que aconteceu.（saber：知っている）

彼らはこのスーパーで買い物をしました。
Eles fizeram compras neste supermercado.（fazer：する）

語句説明

aconteceu（acontecer）　起こる 動

トレーニング

1 (　)に適切な語を入れましょう。(　)内の語句はこの課の基本例文で確認してください。

(1) あなたは何て言ったの?

O que é que (　　　) (　　　)?

(2) ポルトガル語の本を持ってきた?

(　　　) (　　　) o livro de português?

(3) 彼は何が起こったのかを知らなかった。

Ele (　　　) (　　　) o que aconteceu.

(4) 彼らはこのスーパーで買い物をしました。

(　　　) (　　　) compras neste supermercado.

2 次の日本語をポルトガル語に訳しましょう。ポルトガル語はこの課の基本例文で確認してください。

(1) あなたは何て言ったの?

____

(2) ポルトガル語の本を持ってきた?

____

(3) 彼は何が起こったのかを知らなかった。

____

(4) 彼らはこのスーパーで買い物をしました。

____

練習

1 次のポルトガル語を日本語に訳しましょう

(1) A minha esposa fez o almoço.

(2) Eles trouxeram uma sobremesa muito boa.

(3) Eu quis ficar em casa.

(4) Elas saíram no domingo.

2 次の日本語をポルトガル語に訳しましょう。

(1) 誰がそれを言ったの?

(2) 私達は家にいたくなかった。

(3) 彼女らはその教会を見学したかった。

(4) 昨日の朝いとこは出発した。

語句説明

visitar 見学する・訪問する・訪ねる 動 | igreja 教会 女

27

直説法完全過去 不規則動詞 dar・ver・vir・pôr・poder

Eles deram uma festa no domingo.

彼らは日曜日にパーティーを開いた。

▶ 60

基本例文

▶ 59

彼らは日曜日にパーティーを開いた。
Eles deram uma festa no domingo.

彼女の両親は電車で来ました。
Os pais dela vieram de comboio.

あなたはどこに財布を置いたのですか？
Onde é que tu puseste a carteira?

彼女らは映画を見に行くことができなかった。
Elas não puderam ir ao cinema.

dar・ver・vir・pôr・poderの直説法現在

dar（与える）・ver（見る）・vir（来る）・pôr（置く）・poder（できる）の完全過去は不規則に変化します。

	dar （与える）	ver （見る）	vir （来る）	pôr （置く）	poder （できる）
eu	dei	vi	vim	pus	pude
tu	deste	viste	vieste	puseste	pudeste
você/ele/ela	deu	viu	veio	pôs	pôde
nós	demos	vimos	viemos	pusemos	pudemos
vocês/eles/elas	deram	viram	vieram	puseram	puderam

彼らは日曜日にパーティーを開いた。
Eles deram uma festa no domingo.（dar：与える）

彼女の両親は電車で来ました。
Os pais dela vieram de comboio.（vir：来る）

あなたはどこに財布を置いたのですか？
Onde é que tu puseste a carteira?（pôr：置く）

彼女らは映画を見に行くことができなかった。
Elas não puderam ir ao cinema.（poder：できる）

語句説明

comboio　電車・列車 男

トレーニング

1 (　)に適切な語を入れましょう。(　)内の語句はこの課の基本例文で確認してください。

(1) 彼らは日曜日にパーティーを開いた。

(　　　)(　　　) uma festa no domingo.

(2) 彼女の両親は電車で来ました。

Os pais dela (　　　)(　　　) comboio.

(3) あなたはどこに財布を置いたのですか?

Onde é que (　　　)(　　　) a carteira?

(4) 彼女らは映画を見に行くことができなかった。

Elas não (　　　)(　　　) ao cinema.

2 次の日本語をポルトガル語に訳しましょう。ポルトガル語はこの課の基本例文で確認してください。

(1) 彼らは日曜日にパーティーを開いた。

____

(2) 彼女の両親は電車で来ました。

____

(3) あなたはどこに財布を置いたのですか?

____

(4) 彼女らは映画を見に行くことができなかった。

____

練習

1 次のポルトガル語を日本語に訳しましょう。

(1) Nós vimos o acidente.

____

(2) Porque é que não veio trabalhar ontem, Sr Bruno?

____

(3) Elas puseram o dinheiro no banco.

____

(4) Eu não pude ir porque tive muito trabalho.

____

2 次の日本語をポルトガル語に訳しましょう。

(1) 彼らは上着を着て出かけました。

____

(2) わたしの友達（女友達で複数）は日曜日にパーティを開いた。

____

(3) アナはプレゼントを家族みんなのために持ってきました。

____

(4) 昨日の夜テレビを見ましたか?

____

語句説明

acidente　事故 男

28

不完全過去

Eu bebia café todos os dias.

私は毎日コーヒーを飲んでいた。

▶ 62

基本例文

▶ 61

私は毎日コーヒーを飲んでいた。
Eu bebia café todos os dias.

学校が終わった後、私はいつも庭で友達と遊んでいた。
Depois da escola, eu brincava sempre com os amigos no jardim.

ジョゼさんとお話しをさせていただきたいのですが。
Queria falar com o Sr. José.

彼女は医者になりたいと思っております。
Ela queria ser medica.

「直説法完全過去」の課で学んだように、過去には２つのタイプがあり、ひとつは前の章で学んだ完全過去で、過去のある一点で動作が完了しているものです。それに対し、不完全過去というのは過去において動作・状態が継続しているものです。たとえば、Ela nasceu em Saitama.（彼女は埼玉で生まれた）は、生まれたのは過去の一点を指しているので、完全過去を使います。それに対して、Antigamente moravam em Saitama.（彼らは以前埼玉に住んでいました）は、過去の一定の期間継続して住んでいることを表しているので不完全過去を使います。

1. 規則動詞の不完全過去の活用

不完全過去には規則的に変化する動詞と不規則に変化する動詞があります。

規則動詞は以下の様に変化します。

① **ar動詞**：動詞の最後のarをとって以下のように活用します。

eu	-ava
tu	-avas
você/ele/ela	-ava
nós	-ávamos
você/ele/ela	-avam

② **er動詞**：動詞の最後のerをとって以下のように活用します。

eu	-ia
tu	-ias
você/ele/ela	-ia
nós	-íamos
você/ele/ela	-iam

③ **ir動詞**：動詞の最後のirをとって以下のように活用します。

eu	-ia
tu	-ias
você/ele/ela	-ia
nós	-íamos
você/ele/ela	-iam

	ar動詞 falar（話す）	er動詞 comer（食べる）	ir動詞 abrir（開ける）
eu	falava	comia	abria
tu	falavas	comias	abrias
você/ele/ela	falava	comia	abria
nós	falávamos	comíamos	abríamos
vocês/eles/elas	falavam	comiam	abriam

私は毎日コーヒーを飲んでいた。

Eu bebia café todos os dias.（beber：飲む）

学校が終わった後、私はいつも庭で友達と遊んでいた。

Depois da escola, eu brincava sempre com os amigos no jardim.

（brincar：遊ぶ）

2. 不規則動詞の不完全過去の変化

	ser（～である）	ter（持つ）	vir（来る）	pôr（置く）
eu	era	tinha	vinha	punha
tu	eras	tinhas	vinhas	punhas
você/ele/ela	era	tinha	vinha	punha
nós	éramos	tínhamos	vínhamos	púnhamos
vocês/eles/elas	eram	tinham	vinham	punham

また、以下のように過去の意味ではなく、現在の事柄を丁寧に頼んだりするときに、不完全過去を使います。

【丁寧な主張】

ジョゼさんとお話しをさせていただきたいのですが。
Queria falar com o Sr. José.（querer：欲する）

【希望・望みを丁寧に表現する】

彼女は医者になりたいと思っております。
Ela queria ser medica.

語句説明

depois	後で 副	jardim	庭 男
depois de	～の後に	antigamente	以前・昔 副
brincava（brincar）	遊ぶ 動		

トレーニング

1 （　）に適切な語を入れましょう。（　）内の語句はこの課の基本例文で確認してください。

（1）私は毎日コーヒーを飲んでいた。

Eu (　　　) (　　　) todos os dias.

（2）学校が終わった後、私はいつも庭で友達と遊んでいた。

Depois da escola, (　　　) (　　　) sempre com os amigos no jardim.

（3）ジョゼとお話しをさせていただきたいのですが。

(　　　) (　　　) com o Sr. José.

（4）彼女は医者になりたいと思っております。

Ela (　　　) (　　　) médica.

2 次の日本語をポルトガル語に訳しましょう。ポルトガル語はこの課の基本例文で確認してください。

（1）私は毎日コーヒーを飲んでいた。

____

（2）学校が終わった後、私はいつも庭で友達と遊んでいた。

____

（3）ジョゼとお話しをさせていただきたいのですが。

____

（4）彼女は医者になりたいと思っております。

____

練習

1 次のポルトガル語を日本語に訳しましょう。

(1) Ela arrumava a casa sempre aos domingos.

______

(2) Depois das aulas, eu às vezes estudava no café.

______

(3) Ele fazia as compras frequentemente aos sábados.

______

(4) Ela subia sempre até ao terceiro andar para tomar café.

______

2 次の日本語をポルトガル語に訳しましょう。

(1) 彼らは8時に家を出て学校に歩いて通っていました。

______

(2) 学校が終わると彼らは庭で遊んでいました。

______

(3) 私がテレビを見ている間、父は新聞を読んでいました。

______

(4) 以前私達はリスボンに住んでいた。

______

語句説明

andar （建物の）階 男
terceiro andar 3階

29

直説法現在完了

O João tem estado doente nestes dois dias.

ジョアンはこの2日間病気です。

64

基本例文

63

ジョアンはこの2日間病気です。
O João tem estado doente nestes dois dias.

私たちは最近仕事がたくさんあります。
Ultimamente nós temos tido muito trabalho.

私たちは毎日海岸に行っています。
Nós temos ido à praia todos os dias.

そのテレビ番組の新しいシリーズを見てる？
Tens visto a nova série da televisão?

直説法現在完了

現在完了形は過去の事実・出来事が現在まで続いていることを表現します。terが過去と現在をつなぐ橋になります。

形は〈terの直説法現在＋過去分詞〉です。なお、過去分詞は性数変化せず、以下のように作ります。

① ar動詞の過去分詞と現在完了

ar動詞はadoに変えます。

estar（〜である）⇒**estado**　　**falar**（話す）⇒**falado**

	ter＋estar（〜である）	ter＋falar（話す）
eu	tenho estado	tenho falado
tu	tens estado	tens falado
você/ele/ela	tem estado	tem falado
nós	temos estado	temos falado
vocês/eles/elas	têm estado	têm falado

ジョアンはこの２日間病気です。

O João tem estado doente nestes dois dias.（ter＋estar）

② er動詞の現在分詞と現在完了

er動詞はidoに変えます。

ter（持つ）⇒**tido**　　**vender**（売る）⇒**vendido**

	ter＋ter（持つ）	ter＋vender（売る）
eu	tenho tido	tenho vendido
tu	tens tido	tens vendido
você/ele/ela	tem tido	tem vendido
nós	temos tido	temos vendido
vocês/eles/elas	têm tido	têm vendido

私たちは最近仕事がたくさんあります。

Ultimamente nós temos tido muito trabalho.（ter＋ter）

③ ir動詞の過去分詞と現在完了

ir動詞はer動詞と同様、idoに変えます。

ir（行く）⇒**ido**　　**dormir**（眠る）⇒**dormido**

	ter ＋ ir（行く）	ter ＋ dormir（眠る）
eu	tenho ido	tenho dormido
tu	tens ido	tens dormido
você/ele/ela	tem ido	tem dormido
nós	temos ido	temos dormido
vocês/eles/elas	têm ido	têm dormido

私たちは毎日海岸に行っています。

Nós temos ido à praia todos os dias.（ter + ir）

過去分詞が不規則に変化するものとして以下のような動詞があげられます。

過去分詞が不規則に変化する動詞	過去分詞
ver（見る）	visto
vir（来る）	vindo
pôr（置く）	posto
fazer（作る）	feito
escrever（書く）	escrito
dizer（言う）	dito
abrir（開ける）	aberto
cobrir（覆う）	coberto

過去分詞は性数変化しません。

	ter + ver（見る）
eu	tenho visto
tu	tens visto
você/ele/ela	tem visto
nós	temos visto
vocês/eles/elas	têm visto

そのテレビ番組の新しいシリーズを見てる？
Tens visto a nova série da televisão?（ter + ver）

語句説明

ultimamente　最近 副
cobrir　覆う・包む・隠す 動
série　シリーズ 女

トレーニング

1 (　)に適切な語を入れましょう。(　)内の語句はこの課の基本例文で確認してください。

(1) ジョアンはこの2日間病気です。

O João (　　　) (　　　) doente nestes dois dias.

(2) 私たちは最近仕事がたくさんあります。

Ultimamente nós (　　　) (　　　) muito trabalho.

(3) 私たちは毎日海岸に行っています。

Nós (　　　) (　　　) à praia todos as dias.

(4) そのテレビ番組の新しいシリーズを見てる?

(　　　) (　　　) a nova série da televisão?

2 次の日本語をポルトガル語に訳しましょう。ポルトガル語はこの課の基本例文で確認してください。

(1) ジョアンはこの2日間病気です。

____

(2) 私たちは最近仕事がたくさんあります。

____

(3) 私たちは毎日海岸に行っています。

____

(4) そのテレビ番組の新しいシリーズを見てる?

____

練習

1 次のポルトガル語を日本語に訳しましょう。

（1）Tu tens falado com a Ana?

（2）Ultimamente eles têm ganhado muito dinheiro

（3）A nossa equipa tem perdido todos os jogos.

（4）Este ano tem chovido muito.

2 次の日本語をポルトガル語に訳しましょう。

（1）私たちは最近トゼを見かけない。

（2）最近私はカフェに行っていない。

（3）夏が始まってからとても暑い。

（4）私の父は医者に行ってから良くなっている。

語句説明

ganhado（ganhar）　勝つ・稼ぐ・手に入れる 動

equipa　チーム 女

desde　〜から・〜以来 前

desde que ＋文　〜してから・〜以来

imenso　巨大な 形

melhor　より良い

形容詞bomの比較級。英語のbetterに相当。

※詳しくは「比較級・最上級」を参照。

直接目的語の代名詞

Ajudas-me?

私を手伝ってくれる？

▶ 66

基本例文 ▶ 65

私を手伝ってくれる？
Ajudas-me?

誰が私を呼んでいますか？
Quem me chama?

誰かが私に電話をした。
Alguém me ligou.

（あなたたち）それを食べる？
Comem-no?

1. 直接目的語とは

動詞は以下の２つに分けられます。

- **自動詞**（目的語を必要としないもの：私は走る）
- **他動詞**（目的語を必要とするもの：私は「パンを」食べた）

つまり、他動詞は目的語を必要とする動詞です。

また、目的語には次のような２種類のものがあります。

- **直接目的語**（**人・物**）：「～を」と訳せる　「彼は本を読む」
- **間接目的語**（**人**）：「～に」と訳せる　「彼は彼女にペンをあげる」

直接目的語には次のようなものがあります。

	直接目的語（〜を）
私を	me
君を	te
あなたを・彼を・それを（男性・男性名詞の場合）	o
あなたを・彼女を・それを（女性・女性名詞の場合）	a
私たちを	nos
あなたたちを	vos
あなたたちを・彼らを・それらを（男性・男性名詞の場合）	os
あなたたちを・彼女らを・それらを（女性・女性名詞の場合）	as

三人称の直接目的語の代名詞oは男性、または男性名詞に使われ、aは女性、または女性名詞に対して使われます。os, asはそれぞれの複数形になります。

2. 直接目的語の位置

直接目的語の位置は、ハイフンをつけて動詞の後ろに置きます。

手伝ってくれる？
Ajudas-me?（ajudar：手伝う）

ところが、動詞の前に次のようなものが来る場合は直接目的語を動詞の直前に置きます。

① bem, mal, ainda, já, sempre, talvez などの副詞

私はすでにそれらを見ました。
Já as vi.（ver：見る）

② não, nunca, jamais, ninguém, nadaなどの否定語

彼らはそれを食べない。

Não os comem.（comer：食べる）

③ quem, que, porque, comoなどが前に来るとき

誰が私を呼んでいますか？

Quem me chama?（chamar：呼ぶ）

④ todo, tudo, alguémなどの不定代名詞

誰かが私に電話をした。

Alguém me ligou.（ligar：電話する）

3．直接目的語lo, los, la, las

動詞の語尾が-r, -s, -zのとき、その直後に直接目的語のo, os, a, asが来ると、r, s, zをとってそれぞれlo, los, la, lasにします。また、動詞のアクセントがlo, los, la, lasの直前に来るときにはアクセント記号（a⇒á, e⇒ê）をつけます。

o	⇒	lo
a	⇒	la
os	⇒	los
as	⇒	las

その映画を見ます。

Vou ver esse filme.（ir：近い未来を表す）

⇒ ***Vou ver-o**〈filmeは男性名詞なのでoになります〉

⇒ ***Vou ve-o**〈verの語尾がrなのでrをとります〉

⇒ ***Vou ve-lo.**〈直接目的語oをloにします〉

⇒ **Vou vê-lo.**〈loの直前のeにアクセントがあるためeをêにします〉

それを見ます。

Vou vê-lo.

4．直接目的語no, na, nos, nas

動詞の語尾が-ão, -õe, -mのとき、その直後に直接目的語のo, os, a, asが来ると、o, os, a, asをそれぞれno, na, nos, nasにします。

o	⇒	no
os	⇒	nos
a	⇒	na
as	⇒	nas

（あなたたち）そのケーキを食べる？
Comem o bolo?（comer：食べる）

⇒ ***Comem o?**〈boloは男性名詞なのでoになります〉

⇒ **Comem-no?**〈語尾がmなのでnをつけます〉

（あなたたち）それを食べる？
Comem-no?

語句説明

chama（chamar）　呼ぶ 動

alguém　誰か
英語のsomeoneに相当。

トレーニング

1 （　）に適切な語を入れましょう。（　）内の語句はこの課の基本例文で確認してください。

（1）私を手伝ってくれる？

(　　　)(　　　)?

（2）誰が私を呼びますか？

Quem (　　　)(　　　)?

（3）誰かが私に電話をした。

Alguém (　　　)(　　　).

（4）（あなたたち）それを食べる？

(　　　)(　　　)?

2 次の日本語をポルトガル語に訳しましょう。ポルトガル語はこの課の基本例文で確認してください。

（1）私を手伝ってくれる？

＿＿＿＿＿＿＿＿＿＿＿＿＿＿＿＿

（2）誰が私を呼びますか？

＿＿＿＿＿＿＿＿＿＿＿＿＿＿＿＿

（3）誰かが私に電話をした。

＿＿＿＿＿＿＿＿＿＿＿＿＿＿＿＿

（4）（あなたたち）それを食べる？

＿＿＿＿＿＿＿＿＿＿＿＿＿＿＿＿

練習

1 次のポルトガル語を日本語に訳しましょう。

(1) Vais vê-lo?

(2) A Ana quere-os.

(3) Você tem-la?

(4) Vou convidá-los.

2 次の日本語をポルトガル語に訳しましょう。

(1) それ（切符1枚の場合）をカバンにしまったよ。

(2) 駅に彼らを迎えに行きました。

(3) 誰かがあなたを呼んだ。

(4) 私はすでにそれら（映画の場合）を見ました。

語句説明

convidá (convidar)　招待する 動
guardei (guardar)　保管する・しまう 動
estação　駅 女

31

間接目的語の代名詞

Você escreveu-lhe uma carta?

あなたは彼に手紙を書いたのですか？

68

基本例文

67

あなたは彼に手紙を書いたのですか？
Você escreveu-lhe uma carta?

私にそれ（本）を貸してくれる？
Podes emprestar-mo?

すでにそれ（お金）を君に送りました。
Já to mandei.

私は彼らにそれらを（本）をあげた。
Dei-lhos.

1. 間接目的語

間接目的語は「～（人）に」に相当するものです。間接目的語も直接目的語と同様にハイフンをつけて動詞の後ろに置き、直接目的語の解説で述べたような語句が来る場合は、動詞の前に置きます。

	間接目的語（～に）
私に	me
あなたに	te
あなたに / 彼に / 彼女に	lhe
私たちに	nos

あなた方に	vos
彼らに / 彼女らに	lhes

あなたは彼に手紙を書いたのですか？
Você escreveu-lhe uma carta?

2. 前置詞 + 人称代名詞

前置詞の後ろに人称代名詞が来る場合は次のようになります。com以外はすべて同じ形です。

	com以外の前置詞 （de, a, sem, até, por, paraなど）	com + 人称代名詞
eu	mim	comigo
tu	ti	contigo
você	si	consigo
ele	ele	com ele
ela	ela	com ela
nós	nós	connosco
vocês	vocês	com vocês / convosco
eles	eles	com eles
elas	elas	com elas

ミガエルは私と一緒に仕事をするつもりです。
O Miguel vai trabalhar comigo.

私の父は私たちと一緒にいるつもりです。
O meu pai vai ficar conosco.

前置詞の目的語は間接目的語を使って書き換えることができます。

私はあなたに本を貸した。
Emprestei o livro a ti.

⇒ **Emprestei-te o livro.**

3. 間接目的語＋直接目的語

間接目的語と直接目的語の代名詞が並ぶと縮合が起こります。

① 間接目的語のmeと直接目的語の代名詞が並ぶ場合

me ＋ o ＝ mo
me ＋ a ＝ ma
me ＋ os ＝ mos
me ＋ as ＝ mas

私にその本を貸してくれる？
Podes emprestar-me o livro?

⇒ **Podes emprestar-mo?**（私にそれを貸してくれる？）

livroは男性名詞なので直接目的語の代名詞に書き換えるとoになります。そこで*Podes emprestar-me o?となるのでme oの部分をmoにします。

② 間接目的語のteと直接目的語の代名詞が並ぶ場合

te ＋ o ＝ to
te ＋ a ＝ ta
te ＋ os ＝ tos
te ＋ as ＝ tas

すでにお金を君に送りました。
Já te mandei o dinheiro.

⇒ **Já to mandei.**（すでにそれをあなたに送りました）

dinheiroは男性名詞なので直接目的語の代名詞に書き換えるとoになります。そこでjáという副詞があるのでoは動詞の前に置いて、*Ja te o mandei. となるのでte oの部分をtoにします。

③ 間接目的語のlheと直接目的語の代名詞が並ぶと次のようになります。

lhe ＋ o ＝ lho
lhe ＋ a ＝ lha
lhe ＋ os ＝ lhos
lhe ＋ as ＝ lhas

私は彼らに本をあげた。
Dei-lhe os livros.

⇒**Dei-lhos.**（私は彼らにそれらをあげた）

livrosは複数形で男性名詞なので、直接目的語の代名詞に書き換えるとosになります。そこで*Dei-lhe os. となるので、lhe osの部分をlhosにします。

直接目的語・間接目的語の代名詞の使い方をまとめてみましょう。

私は先生にプレゼントをあげた。
Dei a prenda ao professor.

⇒ **Dei-a ao professor.**〈**prenda→a**〉

⇒ ***Dei-lhe a.**〈**ao professor→lhe**〉

⇒ **Dei-lha.**（私は彼にそれをあげた）

私はすでにカレイラさんにペンをあげた。
Já dei as canetas ao Sr. Carreira.

⇒ **Já as dei ao Sr. Carreira.**〈**canetas→as**〉

⇒ ***Já lhe as dei.**〈**ao Sr. Carreira→lhe**〉

⇒ **Já lhas dei.**（私は彼女にそれらをあげた）

語句説明

emprestei（emprestar） 貸す 動 | mandei（mandar） 送る 動

トレーニング

1 (　)に適切な語を入れましょう。(　)内の語句はこの課の基本例文で確認してください。

(1) あなたは彼に手紙を書いたのですか?

Você (　　　)(　　　) carta?

(2) 私にそれ(本)を貸してくれる?

Podes (　　　)?

(3) すでにそれ(お金)を君に送りました。

Já (　　　)(　　　)?

(4) 私は彼らにそれらを(本)をあげた。

(　　　).

2 次の日本語をポルトガル語に訳しましょう。ポルトガル語はこの課の基本例文で確認してください。

(1) あなたは彼に手紙を書いたのですか?

____

(2) 私にそれ(本)を貸してくれる?

____

(3) すでにそれ(お金)を君に送りました。

____

(4) 私は彼らにそれらを(本)をあげた。

____

練習

1 例のように（　　）に代名詞を使って書き換えましょう。

例：A Ana deu as flores à Raquel.

＝（A Ana deu-as à Raquel.）

＝（A Ana deu-lhe as flores.）

＝（A Ana deu-lhas.）

（1）Podes emprestar-me esse broche?

＝（　　　　　　　　　　　　　　　　　　　　　）

（2）Já te mandei o livro.

＝（　　　　　　　　　　　　　　　　　　　　　）

（3）Dá-me esses livros.

＝（　　　　　　　　　　　　　　　　　　　　　）

（4）Mandei-lhe o catálogo.

＝（　　　　　　　　　　　　　　　　　　　　　）

（5）Dei a caneta ao Helder.

＝（　　　　　　　　　　　　　　　　　　　　　）

＝（　　　　　　　　　　　　　　　　　　　　　）

＝（　　　　　　　　　　　　　　　　　　　　　）

（6）Mostrámos a casa ao Cesar.

＝（　　　　　　　　　　　　　　　　　　　　　）

＝（　　　　　　　　　　　　　　　　　　　　　）

＝（　　　　　　　　　　　　　　　　　　　　　）

(**7**) Entregaste as canetas à professora?

=(　　　　　　　　　　　　　　　　　　　　　　)

=(　　　　　　　　　　　　　　　　　　　　　　)

=(　　　　　　　　　　　　　　　　　　　　　　)

語句説明

broche	ブローチ 男	mostrámos(mostrar)	見せる 動
catálogo	カタログ 男	entregaste(entregar)	渡す 動

32

再帰人称代名詞

Eu deito-me às 22h00.

私は10時に寝ます。

▶ 70

基本例文

▶ 69

私は10時に寝ます。
Eu deito-me às 22h00.

お名前は？
Como se chama?

誰も体を洗わなかった。
Ninguém se lavou.

どこに本を忘れましたか？
Onde é que te esqueceste do livro?

再帰人称代名詞とは

主語と同じ人や物が、動詞の直接目的語「〜を」「〜に」となる場合や前置詞の目的語となる場合、再帰代名詞が使われます。me・te・nosは直接目的語や間接目的語と同じですが、三人称に関しては単数・複数に関係なく、すべてseが用いられます。

	再帰代名詞	levantar-se（起きる）
eu	me	levanto-me
tu	te	levantas-te
você/ele/ela	se	levanta-se
nós	nos	levantamo-nos
vocês/eles/elas	se	levantam-se

chamar-se ～という名前である・～と呼ばれる

deitar-se 寝る・横たわる

lavar-se （自分自身の体を）洗う

levantar-se 起きる・起床する

sentar-se 座る

conhecer-se 知り合いになる

私は10時に寝ます。
Eu deito-me às 22h00.（deitar-se：寝る）

なお、直接目的語・間接目的語と同様に、以下のような場合には再帰代名詞は前に来ます（詳しくは直接目的語の課を参照してください）。

① bem, mal, ainda, já, sempre, talvezなどの副詞

② não, nunca, jamais, ninguém, nadaなどの否定語

③ quem, porque, comoなどの疑問詞

④ todo, tudo, alguém, ninguémなどの不定代名詞

お名前は？
Como se chama?（chamar-se：～という名前である）

誰も体を洗わなかった。
Ninguém se lavou.（lavar-se：洗う）

前置詞とセットになったものもあります。

再帰代名詞と前置詞がセットになったもの

encontrar-se com　～と会う

interessar-se por　～に興味がある

lembrar-se de　～を思い出す

esquecer-se de　～を忘れる

casar-se com　～と結婚する

どこに本を忘れましたか？
Onde é que te esqueceste do livro?（esquecer-se de：～を忘れる）

直接目的語・間接目的語と同様に、já, nãoなどの副詞があると再帰代名詞は前に来ます（直接目的語の課を参照）。

語句説明

ninguém　誰も～ない
英語のnobodyに相当。

トレーニング

1 (　)に適切な語を入れましょう。(　)内の語句はこの課の基本例文で確認してください。

(1) 私は10時に寝ます。

Eu (　　　) às 22h00.

(2) お名前は?

Como (　　　) (　　　)?

(3) 誰も体を洗わなかった。

Ninguém (　　　) (　　　).

(4) どこに本を忘れましたか?

Onde é que (　　　) (　　　) do livro?

2 次の日本語をポルトガル語に訳しましょう。ポルトガル語はこの課の基本例文で確認してください。

(1) 私は10時に寝ます。

____

(2) お名前は?

____

(3) 誰も体を洗わなかった。

____

(4) どこに本を忘れましたか?

____

練習

1 次のポルトガル語を日本語に訳しましょう。

（1）Eles levantam-se cedo.

（2）Onde é que se esqueceu do guarda-chuva?

（3）O Bruno mudou-se de roupa.

（4）Esqueci-me do meu telemóvel no comboio.

2 次の日本語をポルトガル語に訳しましょう。

（1）あなた方はとても遅く寝ますか？

（2）誰か本を忘れましたか？

（3）まだ彼を覚えていますか？

（4）彼らは随分前からの知り合いです。

語句説明

cedo　早く 副
telemóvel　携帯電話 男
tarde　遅く 副

比較級・最上級

A Catarina é tão alta como o Tozé.

カテリーナとトゼは同じ背の高さです。

▶ 72

基本例文

▶ 71

カテリーナとトゼは同じ背の高さです。
A Catarina é tão alta como o Tozé.

この靴下はあれより高い。
Estas meias são mais caras do que aquelas.

ポルトガルの冬は日本の冬よりも寒くない。
O inverno em Portugal é menos frio do que no Japão.

彼女がクラスで一番かわいい。
Ela é a mais bonita da classe.

1. 比較級

① 同等比較級

tão と como で形容詞・副詞を挟みます。

カテリーナとトゼは同じ背の高さです。
A Catarina é tão alta como o Tozé.

② 優等比較級

mais と do que で形容詞・副詞を挟みます。

この靴下はあれより高い。
Estas meias são mais caras do que aquelas.

③ 劣等比較級

menos「より少なく・劣って」とdo queで形容詞・副詞を挟みます。ただし、劣等比較級はあまり使いません。

ポルトガルの冬は日本の冬よりも寒くない。
O inverno em Portugal é menos frio do que no Japão.

比べているものは基本的には同じ形にし、同じ言葉は繰り返しません。上の例文ではo inverno em Portugalとo inverno no Japãoを比べています。o invernoは繰り返しになるので省略し、no Japãoのみを書きます（Japãoだけではだめ）。

O inverno em Portugal é menos frio do que（o inverno）no Japão.

④ 比較級の特殊な形

次の場合の比較級は特殊な形が使われるのでしっかり覚えましょう。

原形	比較級
形容詞 bom（良い・十分な）	melhor
副詞 bem（よく・十分に）	melhor
形容詞 mau（悪い）	pior
副詞 mal（悪く）	pior
形容詞 grande（大きい）	maior

2. 最上級

最上級には相対最上級と絶対最上級の２つがあります。

相対最上級：３つ以上の物・人を比較して他と比べて「一番～である」

絶対最上級：比較するものがなく漠然と「非常に～である」

① 相対最上級：一番～である・最も～である

「一番～である・最も～である」という表現は、〈定冠詞 + mais + 形容詞 + de〉という形になります。

baixo （低い）	o mais baixo （最も低い）
velho （古い）	o mais velho （最も古い）

彼女がクラスで一番かわいい。

Ela é a mais bonita da classe.

Elaは女性・単数ですからそれにあわせて最上級の定冠詞をaにします。

② 相対最上級の特殊な形

以下のような比較級で特殊な形を取るものは、比較級に定冠詞をつけることによって最上級になります。

原形	優等最上級
形容詞 bom（良い・十分な）	o melhor
副詞 bem（よく・十分に）	o melhor
形容詞 mau（悪い）	o pior
副詞 mal（悪く）	o pior
形容詞 grande（大きい）	o maior

この湖は日本で一番大きい。

Este lago é o maior do Japão.

③ 相対最上級の位置

最上級が名詞を修飾する場合、maisがついた最上級の場合は名詞の後ろに置き、それ以外の特殊な形は名詞の前に置くことが多いです。

彼女はクラスで最も背が高い女の子です。
Ela é a rapariga mais alta da classe.

これは最も素晴らしい映画です。
Este é o melhor filme.

④ 絶対比較級：非常に〜である

母音で終わる形容詞はその母音をとり、íssimoをつけ、修飾する名詞に合わせて性・数変化をさせます。

原形	絶対比較級
caro	caríssimo（非常に値段が高い）
forte	fortíssimo（非常に強い）
cedo	cedíssimo（非常に早い）
gordo	gordíssimo（非常に太っている）
pesado	pesadíssmo（非常に重い）

⑤ 特殊な形の絶対比較級

次のような不規則なものがあります。

原形	絶対比較級
fácil	facílimo（非常にやさしい）
difícil	dificílimo（非常に難しい）
bom	ótimo（非常に良い・最高の）
grande	enorme（非常に大きい）
mau	péssimo（非常に悪い・最低の・最悪の）

昨日のテストは非常に難しかった。

O exame ontem foi dificílimo.

語句説明

classe　クラス 男

lago　湖 男

トレーニング

1 （　）に適切な語を入れましょう。（　）内の語句はこの課の基本例文で確認してください。

（1）カタリーナとトゼは同じ背の高さです。

A Catarina (　　　) (　　　) (　　　) (　　　) o Tozé.

（2）この靴下はあれより高い。

Estas meias são (　　　) (　　　) (　　　) (　　　) aquelas.

（3）ポルトガルの冬は日本の冬よりも寒くない。

O inverno em Portugal é (　　　) (　　　) (　　　) (　　　) no Japão.

（4）彼女がクラスで一番かわいい。

Ela é (　　　) (　　　) (　　　) (　　　) classe.

2 次の日本語をポルトガル語に訳しましょう。ポルトガル語はこの課の基本例文で確認してください。

（1）カテリーナとトゼは同じ背の高さです。

＿＿＿＿＿＿＿＿＿＿＿＿＿＿＿＿＿＿＿＿

（2）この靴下はあれより高い。

＿＿＿＿＿＿＿＿＿＿＿＿＿＿＿＿＿＿＿＿

（3）ポルトガルの冬は日本の冬よりも寒くない。

＿＿＿＿＿＿＿＿＿＿＿＿＿＿＿＿＿＿＿＿

（4）彼女がクラスで一番かわいい。

＿＿＿＿＿＿＿＿＿＿＿＿＿＿＿＿＿＿＿＿

練習

1 次のポルトガル語を日本語に訳しましょう。

(1) O discurso não foi muito bom mas foi melhor do que o anterior.

______

(2) Qual é o maior rio de Portugal?

______

(3) Este é o maior restaurante da cidade.

______

(4) O Helder é altíssimo.

______

2 次の日本語をポルトガル語に訳しましょう。

(1) 私は私の妹よりも体重が重い。

______

(2) そのコーヒーはそのミルクより熱い。

______

(3) 富士山は日本で一番高い。

______

(4) これは東京で一番高いレストランです。

______

語句説明

anterior　前の・以前の 形
rio　川 男
montanha　山 女

関係詞

Viste o casaco que estava em cima da cadeira?

椅子の上にある上着を見た？

74

基本例文　73

椅子の上にある上着を見た？
Viste o casaco que estava em cima da cadeira?

私が話した医者（女性）はとても感じがよかった。
A medica com quem eu falei era simpática.

私が行ったお店は駅からとても近いところにあった。
A loja onde fui era muito perto da estação.

私は一生懸命勉強したテストに受かりました。
Passei no exame para o qual estudei muito.

1. 形が変化しない関係詞

関係詞	先行詞
que	人・物
quem	人（かならず前に前置詞が必要）
onde	場所

2. 関係詞の作り方

① 関係詞 que（人・物）

椅子の上にある上着を見た？

Viste o casaco que estava em cima da cadeira?

〔作り方〕

Viste o casaco? ＋ O casaco estava em cima da cadeira.

o casacoが共通のものなのでcasacoが先行詞になり、後ろのo casacoを関係詞にします。物ですからqueにします。

⇒ **que estava em cima da cadeira.**

関係詞を一番前にして先行詞casacoの後ろにくっつけます。

⇒ **Viste o casaco que estava em cima da cadeira?**

② 関係詞 quem（人）

私が話した医者（女性）はとても感じがよかった。

A médica com quem eu falei era simpática.

〔作り方〕

quemを使う場合は、必ず前に前置詞が必要です。ゆえに、前置詞がない場合はqueを使います。

A médica era muito simpática. ＋ Eu falei com ela.

A médicaとelaが共通のものですから、先にあるmédicaが先行詞になり、後ろの代名詞elaを関係詞に直します。人で前置詞がありますから、elaをquemにします。

⇒ **Eu falei com quem.**

そして関係詞と前置詞を含んだかたまりを一番前にして先行詞médicaの後ろにくっつけます（com quem eu falei）。

⇒ **A médica com quem eu falei era simpática.**

③ 関係詞onde（場所）

私が行ったお店は駅からとても近いところにあった。
A loja onde fui era muito perto da estação.

〔作り方〕

A loja era muito perto da estação. ＋ Eu fui à loja.

A lojaとà lojaが共通項ですが、à lojaは副詞の役割をしていて場所を表しているためà lojaをondeにします。

⇒ Eu fui onde.

関係詞ondeを一番前にしてonde eu fuiにし、先行詞lojaにくっつけます。

⇒ A loja onde fui era muito perto da estação.

3. 形の変化する関係詞（先行詞は人・物両方）

男性単数	女性単数	男性複数	女性複数
o qual	a qual	os quais	as quais

次のような前置詞sobre, dentre, durante, entre, paraがあるとき、または数詞、不定詞、最上級があるときは必ずo qualを使います。

私は一生懸命勉強したテストに受かりました。
Passei no exame para o qual estudei muito.

〔作り方〕

Passei no exame. ＋ Estudei muito para o exame.

o exameが共通ですから、前のexameが先行詞になり、後ろのo exameを関係詞に変えます。o exameは男性単数で、前置詞paraがありますから、queではなくo qualにします。

⇒ Estudei muito para o qual.

この前置詞を含んだ関係詞のかたまりを一番前にしてpara o qual estudei muitoを先行詞exameの後ろに持ってきます。

⇒ **Passei no exame para o qual estudei muito.**

トレーニング

1 （　）に適切な語を入れましょう。（　）内の語句はこの課の基本例文で確認してください。

（1）椅子の上にある上着を見た？

Viste o casaco (　　　) (　　　) em cima da cadeira?

（2）私が話した医者（女性）はとても感じがよかった。

A médica (　　　) (　　　) (　　　) (　　　) era simpática.

（3）私が行ったお店は駅からとても近いところにあった。

A loja (　　　) (　　　) (　　　) (　　　) perto da estação.

（4）私は一生懸命勉強したテストに受かりました。

Passei no exame (　　　) (　　　) (　　　) (　　　) muito.

2 次の日本語をポルトガル語に訳しましょう。ポルトガル語はこの課の基本例文で確認してください。

（1）椅子の上にある上着を見た？

____

（2）私が話した医者（女性）はとても感じがよかった。

____

（3）私が行ったお店は駅からとても近いところにあった。

____

（4）私は一生懸命勉強したテストに受かりました。

____

練習

1 次のポルトガル語を日本語に訳しましょう。

(1) As pessoas que conheci na festa eram simpáticas.

____

(2) O escritório onde eu trabalho fica perto do centro.

____

(3) Tenho um gato que se chama Tama.

____

(4) Comi o bolo que tem chocolate.

____

2 次の日本語をポルトガル語に訳しましょう。

(1) 私が彼に話したあの女の子はパリに旅立った。

____

(2) 彼らが行ったレストランは素晴らしかった。

____

(3) 私たちが行ったプールはとても大きかった。

____

(4) アンが買った本はとても面白いです。

____

語句説明

centro　中心街・繁華街 男

falar + 前置詞

　falar com　～と話す

falar de/sobre　～について話す

falar a　～に話しかける

falar em　～語で話す

35

接続法現在

É preciso que vás à embaixada.

あなたは大使館に行く必要があります。

▶ 76

基本例文

▶ 75

あなたは大使館に行く必要があります。
É preciso que vás à embaixada.

その映画を見ないのなら、それがいいか悪いか言うことができない。
Sem que vejas o filme, não podes dizer se é bom ou mau.

あなた方が来られなくて私たちは残念です。
Lamentamos que não possam vir.

明日はおそらく雨が降るだろう。
Amanhã talvez chova.

ポルトガル語には直説法のほかに接続法という形があります。少し複雑なのでポイントを絞って説明します。

1. 接続法とは

直説法のところで学んだように、ポルトガル語には、直説法と接続法があります。直説法は事実・事柄・現実などを表現するときに使い、接続法は多くが従属節（queの後）の中で使われ、推測など主観的な心理状態などを表すときに使われます。大きく分けると次の４つになります。

① 非人称表現のqueの後ろ

次のような非人称表現のqueの後ろで接続法を使います。

É possível que　ありえる・～かもしれない
É bom que　よいことだ
É provável que　ありそうだ
É importante que　重要である
É necessário que　必要である
É preciso que　必要である
É conveniente que　便利である

あなたは大使館に行く必要があります。
É preciso que vás à embaixada.（ir：行く）

② 接続詞の後ろ

以下のような接続詞の後ろで接続法を使います。

【条件を表す接続詞】
caso　～する場合は
contanto que　～するならば・もし～ならば
a menos que　～するのでなければ
sem que　～することなしに・～でない場合

【譲歩を表す接続詞】
ainda que　たとえ～しても
mesmo que　たとえ～しても
embora　たとえ～しても

【目的、方法を表す接続詞】
para que　～するために
a fim de que　～するために

その映画を見ないのなら、それがいいか悪いか言うことができない。
Sem que vejas o filme, não podes dizer se é bom ou mau.（ver：見る）

③ 意志・感情・疑問・否定を表す動詞の後ろ

以下のような動詞の後ろで接続法を使います。

【意志を表す動詞が主節に来るとき】

esperar que 期待する

desejar que 望む

querer que 〜してほしい

【感情を表す動詞が主節に来るとき】

agradecer que 感謝する

lamentar que 嘆く

recear que 不安に思う

preferir que 好む

sentir que 感じる

ter medo que 怖い

ter pena que 残念だ

【疑問・否定を表す動詞が主節に来るとき】

duvidar que 疑う

ter duvidas que 疑う

negar que 否定する

あなた方が来られなくて私たちは残念です。
Lamentamos que não possam vir.（poder：できる）

④ 副詞 talvez の後ろ

副詞 talvez「おそらく・たぶん」の後ろで接続法を使います。

明日はおそらく雨が降るだろう。
Amanhã talvez chova.（chover：雨が降る）

2. 接続法の活用

接続法の活用は以下の４つのパターンに分かれます。

①規則的に変化するもの

直説法の一人称単数の-oをとって、

- **ar動詞の場合、-e, -es, -e, -emos, -emと活用させる**

  たとえば、falarの一人称単数はfaloなのでoをとって、falに-e, -es, -e, -emos, -emをつけて活用させます。

- **er, ir動詞の場合、-a, -as, -a, -amos, -amと活用させる**

  たとえば、comerの一人称単数はcomoなのでoをとって、comに-a, -as, -a, -amos, -amをつけて活用させます。ir動詞も同様です。

接続法現在（規則動詞）の活用

	ar型 falar（話す）	er型 comer（食べる）	ir型 abrir（開ける）
eu	fale	coma	abra
tu	fales	comas	abras
você/ ele/ ela	fale	coma	abra
nós	falemos	comamos	abramos
vocês/ eles/ ela	falem	comam	abram

② 一人称単数が不規則な動詞

一人称単数が不規則なものは注意が必要です。

たとえば、fazerの一人称単数はfaçoですから、接続法はfaçaになります。

	直説法一人称単数	接続法一人称単数
fazer（する）	faço	faça
ter（持つ）	tenho	tenha
pôr（置く）	ponho	ponha

	fazer（する）	ter（持つ）	pôr（置く）
eu	faça	tenha	ponha
tu	faças	tenhas	ponhas
você/ ele/ ela	faça	tenha	ponha
nós	façamos	tenhamos	ponhamos
vocês/ eles/ elas	façam	tenham	ponham

③ -car, -çar -gar で終わる動詞

-car, -çar -garで終わる動詞は発音に合わせるため、接続法の形がそれぞれ-que, -ce, -gueになります。

	ficar（留まる）	começar（始まる）	chegar（到着する）
eu	fique	comece	chegue
tu	fiques	comeces	chegues
você/ ele/ ela	fique	comece	chegue
nós	fiquemos	comecemos	cheguemos
vocês/ eles/ elas	fiquem	comecem	cheguem

④ 不規則に変化

不規則に変化するものがあります。これらはそのまま暗記しましょう。

	dar （与える）	estar （いる・ある・～である）	ir （行く）	ser （～である）	saber （知っている）	querer （欲しがる）	haver （持つ・ある）
eu	dê	esteja	vá	seja	saiba	queira	
tu	dês	estejas	vás	sejas	saibas	queiras	
você/ele/ela	dê	esteja	vá	seja	saiba	queira	haja
nós	dêmos	estejamos	vamos	sejamos	saibamos	queiramos	
vocês/eles/elas	deem	estejam	vão	sejam	saibam	queiram	

語句説明

embaixada	大使館 [女]
possível	可能な・あり得る・かもしれない [形]
provável	ありそうな・可能性の高い [形]
importante	重要な・必要な [形]
necessário	必要な・不可欠な [形]
preciso	必要な [形]
conveniente	好都合な・便利な [形]
caso	～の場合には [接]
contanto que	～するならば・もし～ならば [接]
a menos que	～するのでなければ
sem que	～することなしに・～でない場合
sem	～なしで [前]
ainda que	たとえ～しても
ainda	たとえ～でも・なお・まだ・それでもなお [副]
mesmo que	たとえ～しても
mesmo	～でさえ・～であっても [副]
embora	たとえ～しても・たとえ～でも [接]
para que	～するために
a fim de que	～するために
fim	目的 [男]
esperar	期待する [動]
desejar	望む [動]
agradecer	感謝する [動]
lamentar	嘆く [動]
recear	不安に思う [動]
sentir que	感じる
ter medo que	怖い
medo	恐れ・恐怖 [男]
ter pena que	残念だ
pena	哀れみ・同情 [女]
duvidar	疑う [動]
ter duvidas que	疑う
duvida	疑い・疑惑 [女]
negar	否定する [動]
talvez	おそらく・たぶん [副]

トレーニング

1 （　）に適切な語を入れましょう。（　）内の語句はこの課の基本例文で確認してください。

（1）あなたは大使館に行く必要があります。

É (　　　) que (　　　) à embaixada.

（2）その映画を見ないのなら、それがいいか悪いか言うことができない。

(　　　) que (　　　) o filme, não podes dizer se é bom ou mau.

（3）あなた方が来られなくて私たちは残念です。

Lamentamos que não (　　　) (　　　).

（4）明日はおそらく雨が降るだろう。

Amanhã (　　　) (　　　).

2 次の日本語をポルトガル語に訳しましょう。ポルトガル語はこの課の基本例文で確認してください。

（1）あなたは大使館に行く必要があります。

（2）その映画を見ないのなら、それがいいか悪いか言うことができない。

（3）あなた方が来られなくて私たちは残念です。

（4）明日はおそらく雨が降るだろう。

練習

1 以下の動詞を例のように接続法現在にしましょう。

例：eu (falar:fale)

(1) ele (comer:)

(2) tu (sentir:)

(3) eles (ter:)

(4) você (perder:)

(5) vocês (dormir:)

(6) eu (pôr:)

(7) nós (chegar:)

(8) eu (ficar:)

(9) ele (estar:)

(10) tu (saber:)

(11) eles (dar:)

(12) você (ser:)

(13) vocês (ir:)

(14) eu (estar:)

(15) nós (querer:)

(16) eu (ir:)

2 次のポルトガル語を日本語に訳しましょう。

(1) É melhor que tu consultes um médico.

(2) Caso não vá, telefone-me.

(3) Mesmo que eu não queira, terei de ir à escola amanhã?

(4) Espero que não haja aula amanhã.

3 次の日本語をポルトガル語に訳しましょう。

(1) 私はジョゼが病気ではないかと心配しています。

(2) 雨が降るとは思わない。

(3) 明日はたぶん雪が降るだろう。

(4) その文章を翻訳するためには良い辞書が必要だ。

語句説明

traduzir　翻訳する 動 | texto　文章 男

36

命令形

Abre a janela.

窓を開けて。

79

基本例文

78

窓を開けて。〈インフォーマル・相手一人〉
Abre a janela.

窓を開けないで。〈インフォーマル・相手一人〉
Não abras a janela.

ここにテーブルを置いてください。〈丁寧・相手一人〉
Ponha a mesa aqui.

いっぱい食べて。〈相手複数〉
Comam muito.

最後の章は命令形です。少々複雑ですが日常生活ではよく使いますので、しっかり覚えましょう

1. tuに対する命令（インフォーマル・単数）

① 肯定の命令

インフォーマルな相手（一人）に対する肯定の命令形は、直説法現在の三人称単数（você/ele/ela）を使います。

estudar ⇒ **Estuda.**（勉強して・勉強しなさい）

comer ⇒ **Come.**（食べて・食べなさい）

abrir ⇒ **Abre.**（開けて・開けなさい）

窓を開けて。
Abre a janela.（abrir：開ける）

② 否定の命令

インフォーマルな相手（一人）に対する否定の命令形は、接続法現在の二人称単数（tu）を使います。

estudar ⇒ Não estudes.（勉強しないで）

comer ⇒ Não comas（食べないで）

abrir ⇒ Não abras（開けないで）

窓を開けないで。
Não abras a janela.

2. você に対する命令（フォーマル・単数）

① 肯定の命令

フォーマルな場面での丁寧な肯定の命令（相手は一人）は、接続法現在の三人称単数を使います。

estudar ⇒ Estude.（勉強してください）

comer ⇒ Coma.（食べてください）

abrir ⇒ Abra.（開けてください）

ここにテーブルを置いてください。
Ponha a mesa aqui.（pôr：置く）

pôrの直説法一人称はponhoで、接続法（三人称単数）はponhaになります。

② 否定の命令

フォーマルな場面での丁寧な否定の命令（相手は一人）は接続法現在の三人称単数を使います。

estudar ⇒ **Não estude.**（勉強しないでください）

comer ⇒ **Não coma.**（食べないでください）

abrir ⇒ **Não abra.**（開けないでください）

ここにテーブルを置かないでください。
Não ponha a mesa aqui.

3. vocêsに対する命令（インフォーマル/フォーマル・複数）

① 肯定の命令

インフォーマル/フォーマルともに複数の相手に対する肯定の命令は、接続法現在の三人称複数を使います。

estudar ⇒ **Estudem.**（勉強して・勉強してください）

comer ⇒ **Comam.**（食べて・食べてください）

abrir ⇒ **Abram.**（開けて・開けてください）

いっぱい食べて。
Comam muito.（comer：食べる）

② 否定の命令

インフォーマル/フォーマルともに複数の相手に対する否定の命令は、接続法現在の三人称複数を使います。

estudar ⇒ **Não estudem.**（勉強しないで・勉強しないでください）

comer ⇒ **Não comam.**（食べないで・食べないでください）

abrir ⇒ **Não abram.**（開けないで・開けないでください）

いっぱい食べないで。
Não comam muito.

トレーニング

1 （　）に適切な語を入れましょう。（　）内の語句はこの課の基本例文で確認してください。

（1）窓を開けて。（インフォーマル・相手一人）

（　　　）a janela.

（2）窓を開けないで。（インフォーマル・相手一人）

（　　　）（　　　）a janela.

（3）机を置いて。（丁寧・相手一人）

（　　　）a mesa.

（4）いっぱい食べて。（相手複数）

（　　　）muito.

2 次の日本語をポルトガル語に訳しましょう。ポルトガル語はこの課の基本例文で確認してください。

（1）窓を開けて。（インフォーマル・相手一人）

____

（2）窓を開けないで。（インフォーマル・相手一人）

____

（3）机を置いて。（丁寧・相手一人）

____

（4）いっぱい食べて。（相手複数）

____

練習

1 次の動詞を例のように肯定の命令形に直しましょう。

例：fazer (tu: faz) (você: faça) (vocês:façam)

(1) ser (tu:) (você:) (vocês:)

(2) dar (tu:) (você:) (vocês:)

(3) trazer (tu:) (você:) (vocês:)

(4) ler (tu:) (você:) (vocês:)

(5) estar (tu:) (você:) (vocês:)

(6) vir (tu:) (você:) (vocês:)

(7) despir (tu:) (você:) (vocês:)

2 次の動詞を例のように否定の命令形に直しましょう。

例：ser (tu: não sejas) (você: não seja) (vocês: não sejam)

(1) dar (tu:) (você:) (vocês:)

(2) ir (tu:) (você:) (vocês:)

(3) falar (tu:) (você:) (vocês:)

(4) comer (tu:) (você:) (vocês:)

(5) despir (tu:) (você:) (vocês:)

(6) fazer (tu:) (você:) (vocês:)

(7) dizer (tu:) (você:) (vocês:)

3 次の日本語をポルトガル語に訳しましょう。

（1）騒がないようにしてください。（você に対する命令）

＿＿＿＿＿＿＿＿＿＿＿＿＿＿＿＿＿＿＿＿＿＿＿＿

（2）体操着を着てきてください。（você に対する命令）

＿＿＿＿＿＿＿＿＿＿＿＿＿＿＿＿＿＿＿＿＿＿＿＿

（3）お風呂にお湯をためてください。（você に対する命令）

＿＿＿＿＿＿＿＿＿＿＿＿＿＿＿＿＿＿＿＿＿＿＿＿

（4）靴を脱がないで。（tu に対する命令）

＿＿＿＿＿＿＿＿＿＿＿＿＿＿＿＿＿＿＿＿＿＿＿＿

（5）窓を開けないでください。（複数に対する命令）

＿＿＿＿＿＿＿＿＿＿＿＿＿＿＿＿＿＿＿＿＿＿＿＿

語句説明

fato de ginástica	体操着
fato	衣服 男
ginástica	体操・体育 女
encha（encher）	満たす 動

練習問題の解答
単語リスト

練習問題の解答

第2部　基礎となる表現と単語

1. 名詞（男性名詞・女性名詞）

練習 1

(1) mãe
(2) filha
(3) avó
(4) neta
(5) irmã
(6) tia
(7) sobrinha
(8) prima

練習 2

(1) f
(2) m
(3) f
(4) m
(5) m
(6) f
(7) m
(8) f
(9) f
(10) m

2. 名詞（単数名詞・複数名詞）

練習 1

(1) roupas
(2) fatos
(3) unhas
(4) camisas
(5) chapéus
(6) aneis
(7) pijamas
(8) camisolas
(9) carteiras
(10) cabeças
(11) rostos
(12) advogados
(13) escritoras
(14) locutores
(15) professores

3. 冠詞

練習 1

(1) uma
(2) uns
(3) uma
(4) uns
(5) um
(6) uns
(7) umas
(8) uns
(9) uns
(10) uma

練習 2

(1) as
(2) o
(3) a
(4) as
(5) as
(6) o
(7) os
(8) as
(9) a
(10) as

4. 形容詞

練習 1

(1) preta
(2) castanha
(3) amarela

(4) azul
(5) sã
(6) chorona
(7) japonesa
(8) espanhola
(9) chinesa
(10) crua
(11) encantadora
(12) quente
(13) comum

練習 2

(1) pequeno
(2) baixo
(3) gordo
(4) leve
(5) curto
(6) largo
(7) caro
(8) baixo
(9) difícil

練習 3

(1) nova
(2) magros
(3) brancos
(4) azul
(5) grande
(6) nova

数字や時に関する表現

練習 1

(1) sete calças
(2) cinco camisas
(3) quatro enfermeiros
(4) vinte lápis
(5) vinte e três borrachas
(6) quinze escritoras
(7) quatro canetas
(8) doze cadernos
(9) três irmãos
(10) seis gravatas

第3部　基礎文法

1. 直説法現在 ser

練習 1

(1) 彼女らはイギリス人です。
(2) あなたは知的です。
(3) 私は太っています。
(4) ラケルはとても面白い女の子です。

練習 2

(1) Nós somos estudantes.
(2) A Raquel e o Ivo são muito parecidos.
(3) A Maria e o José são pessoas muito bondosas.
(4) Ela é casada.

2. 直説法現在 estar

練習 1

(1) 私は道路にいます。
(2) 私はうれしいです。
(3) 彼は怒っています。
(4) 私たちは喉が渇いています。

練習 2

(1) Eles estão cansados.
(2) O livro está aqui.
(3) Os meus pais estão no Porto.
(4) O Bruno está em casa.

3. serとestarの違い

練習 1

(1) 私は眠い。
(2) 彼女らはプールにいます。
(3) イブは背が高い。
(4) 夕食は美味しいけれども、とても熱い。

練習 2

(1) O meu carro é pequeno.
(2) O Ivo e a Raquel estão no Japão.
(3) A porta está fechada
(4) O meu vizinho é solteiro.

練習 3

(1) é

(2) está
(3) estão
(4) está
(5) estão

4. 疑問文・否定文

練習 1

(1) 彼女らはプールにいません。
(2) 喉乾いている?
(3) そのスープは塩辛くない。
(4) 彼はリスボン出身なの?

練習 2

(1) A camisola não é cara.
(2) Tu estás cansado?
(3) Eles não estão em casa.
(4) A caneta é da Ana?

5. 中性指示代名詞

練習 1

(1) これらは靴です。
(2) あれは何ですか?
(3) あれらはネクタイです。
(4) それは椅子です。

練習 2

(1) Isso é um carro.
(2) Aquilo é um lápis.
(3) O que é isso?
(4) Isto é uma bicicleta.

6. 指示形容詞・指示代名詞

練習 1

(1) そのセーターは暑い。
(2) あの女の子は誰ですか?
(3) そのケーキはチョコレートでできています(チョコレートが材料です)。
(4) このプレゼントは先生のためのものです。

練習 2

(1) Aquele supermercado é novo.
(2) Esse pijama é pequeno.
(3) Este dicionário não é bom.
(4) Este relógio é caro.

7. 所有詞(所有形容詞・所有代名詞)

練習 1

(1) 私たちのスーツケースです。
(2) 彼らの息子たちはかわいい。
(3) あなたの車は準備できています(修理できています)。
(4) 私たちの学校は近代的です。

練習 2

(1) O nossa professora é bondosa
(2) O seu amigo está em Portugal.
(3) Esse livro é dele.
(4) O bicicleta dele é nova.

練習 3

(1) dela
(2) dela
(3) deles
(4) dele
(5) dele

8. 直説法現在 規則動詞 ar型

練習 1

(1) 私は鍵でドアを閉めます。
(2) ジョゼは時々歯を磨かない。
(3) 彼らは毎週日曜日にサッカーをします。
(5) 彼らはゲームをするためにコンピュータを使います。

練習 2

(1) Ela fala inglês muito bem.
(2) Eu trabalho à noite.
(3) As crianças gostam de chocolate.
(4) Eles gastam muito dinheiro na construção da casa.

9. 直説法現在 規則動詞 er型

練習 1

(1) あなたは朝に米を食べますか?
(2) 私たちは美術学校でデザインを学びます。

(3) 彼らはおやつにオレンジジュースを飲み、ビスケットを食べます。
(4) 私は日本語を私の妻と一緒に学びます。

練習 2

(1) Nós agora vivemos em Lisboa.
(2) Eu bebo café com leite de manhã.
(3) Eles escrevem aos pais todas as semanas.
(4) Quem é que responde a esta pergunta？

10. 直説法現在 cer型・ger型・guer型

練習 1

(1) 私はたくさんのことを忘れる。
(2) 私は私の子どもを守る。
(3) 彼は支出を管理する。
(4) 私はその名前を知っています。

練習 2

(1) Eu desço estas escadas
(2) Eu ergo ambas mãos.
(3) Eu aqueço pão todos os dias.
(4) Conheces o irmão dele?

11. 直説法現在 規則動詞 ir型

練習 1

(1) 彼らはスイカを割る。
(2) 彼らは日本に住んでいない。
(3) 私の父は毎日7時30分にお店を開けます。
(4) 私は蛇口を開ける。

練習 2

(1) Eu resido em Toquio.
(2) Eles discutem o projeto.
(3) O Antonio abre a garrafa.
(4) Eles partem de Lisboa.

12. 直説法現在 tir型・gir型・guir型・guir型

練習 1

(1) マリアはズボンをはく。
(2) 彼らはセーターを脱ぐ。
(3) 私は両親に朝食を出します。
(4) 私は鶏とカモの区別ができない。

練習 2

(1) Eu prefiro esta camisola.
(2) Eu dispo o casaco quando está calor.
(3) Eu não consigo telefonar com barulho.
(4) Ele veste a camisola quando está frio.

13. 直説法現在 不規則動詞 ter

練習 1

(1) 私たちは2人の息子がいます。
(2) 彼らはポルトに家があります。
(3) あなたは新しいバイクを持っていますか?
(4) 私たちはたくさん勉強しなければなりません。

練習 2

(1) Eu tenho muitas dores de cabeça.
(2) O Ivo e a Raquel têm muitos brinquedos.
(3) A Maximina tem um computador novo.
(4) Eu tenho que ir ao Brazil.

14. 直説法現在 不規則動詞 haver

練習 1

(1) デザートにイチゴがあります。
(2) カリブ海のクルーズはとても面白い経験になるに違いない。
(3) この部屋に2冊のノートがあります。
(4) ピントは2日間（2日前から）パリにいます。

練習 2

(1) Ela está de férias há uma semana.
(2) Hei de falar com ela.
(3) Hoje há um bom filme na televisão.
(4) Há cadeiras para todos os clientes.

15. 直説法現在 不規則動詞 ver・ler・querer・poder・saber

練習 1

(1) 彼らは試合をテレビで見ます。
(2) 子どもたちはこの本を読んではいけない（読むことができない）。
(3) 私のいとこたちはアルガルブで休暇を過ごしたい。
(4) 明日雨になるかもしれない。

練習 2

(1) A Sara sabe nadar.
(2) Eu hoje não consigo trabalhar.
(3) Eu leio o jornal no computador.
(4) Nós queremos estudar português.

16. 直説法現在 不規則動詞 dizer・trazer・fazer・perder

練習 1

(1) いつあなたは私の本を持ってきますか？
(2) 彼らは午後に運動をする。
(3) 彼らはいつもおもちゃを失くします。
(4) 私の父は毎週日曜日に夕食を作ります。

練習 2

(1) Ele traz o almoço todos os dias.
(2) Quando é que você faz anos?
(3) Cinco e dois fazem sete.
(4) Eu perco o apetite.

17. 直説法現在 不規則動詞 pedir・ouvir・dormir・subir

練習 1

(1) 彼らはラジオでニュースを聞きます。
(2) 私の父はベッドで寝ます。
(3) 私は1日に何回も階段を上がります。
(4) 私たちはいつも同じことを頼みます。

練習 2

(1) Não ouço bem.
(2) Eu durmo com pijama.
(3) Peço desculpa pelo atraso.
(4) Eu subo sempre as escadas para fazer dieta.

18. 直説法現在 不規則動詞 vir・ir・pôr・dar

練習 1

(1) 彼女らは買い物に行きます。
(2) 私たちは車で来ます。
(3) 彼女は洗濯機をここに置きます。
(4) ミガエルは毎日パーティーを開きます。

練習 2

(1) Eu ponho os livros em cima da mesa.
(2) Ele dá prendas à esposa com muita frequência.
(3) Eles vêm do Porto.
(4) Tu vais de bicicleta.

19. 進行形

練習 1

(1) 今日は雨が降っています。
(2) 私はお茶を飲んでいます。
(3) 私の母は台所を片付けています。
(4) アナは寝ています。

練習 2

(1) Não está a nevar.
(2) Tu estás a escrever uma carta？
(3) O Bruno e o Miguel estão a trabalhar.
(4) Ele está a atravessar a rua.

20. 未来形

練習 1

(1) 彼は明日5時にリスボンへ出発します。
(2) 私の弟は15時に韓国に到着する予定です。
(3) お店は9時に開くでしょう。
(4) 彼女らは2日間そこにいるでしょう。

練習 2

(1) O avião partirá dentro de trinta minutos.
(2) Ele será médico.
(3) A Maria voltará para casa no mês que

vem.
(4) Tu estudarás muito para o exame.

21. 疑問詞

練習 1

(1) 彼女の職業は何ですか?
(2) 入り口にある車は誰のですか?
(3) なぜあなたは忙しいのですか?
(4) ここからリスボンは何キロですか?

練習 2

(1) Para quem é essa prenda?
(2) Quantos alunos há na sua turma?
(3) Quando é que regressa?
(4) Onde está a minha caneta?

22. 直説法完全過去規則動詞 ar 型

練習 1

(1) 私は昨日義理の父と夕食を食べた。
(2) 彼らは月曜日にアメリカに旅行にいった。
(3) 彼女はパイナップルのケーキを再び作った。
(4) 私たちは昨日朝の6時に起きました。

練習 2

(1) Eu levei os meus miúdos ao cinema.
(2) Eles ficaram no Porto durante dois dias.
(3) Eu paguei a água e a luz com o meu cartão de crédito.
(4) Ele começou com novos planos.

23. 直説法完全過去規則動詞 er 型

練習 1

(1) 私たちは昨日ローザの家で食べました。
(2) 私たちはラケルのためのクリスマスプレゼントを昨日選びました。
(3) 彼女はバレンタインの日に生まれました。
(4) 彼女らは書類をなくしました。

練習 2

(1) Ontem nós comemos batatas com bacalhau.
(2) O Miguel perdeu a carteira.
(3) Eles beberam vinho tinto ao jantar.
(4) O Carlos leu o jornal.

24. 直説法完全過去規則動詞 ir 型

練習 1

(1) 私は冷蔵庫を開けた。
(2) 私たちは夜間に大きな騒音を聞きました。
(3) 私の息子が車庫のドアを開けました。
(4) 父は今日からたばこを吸うのをやめるのを決意しました。

練習 2

(1) Nós conseguimos chegar a tempo.
(2) Tu abriste o sumo?
(3) Senti dores de estômago ontem à noite.
(4) Tu dormiste bem?

25. 直説法完全過去 不規則動詞 ser・ir・estar・ter・haver

練習 1

(1) 彼らは一昨日事務所にいた。
(2) 昨日は授業があった。
(3) 彼女らは買い物に行った。
(4) マキシミナは病気でした。

練習 2

(1) No mês passado houve muitos feriados.
(2) Eles foram ao cinema.
(3) Tu estiveste com o Miguel?
(4) Ele foi de autocarro para o trabalho.

26. 直説法完全過去 不規則動詞 dizer・trazer・fazer・saber・querer・cair・sair

練習 1

(1) 私の妻が昼食を作りました。
(2) 彼らはとても美味しいデザートを持ってきました。
(3) 私は家にいたかった。
(4) 彼女たちは日曜日に出発しました。

練習 2

(1) Quem disse isso?
(2) Nós não quisemos ficar em casa.
(3) Elas quiseram visitar a igreja.
(4) Ontem de manhã o meu primo saiu.

27. 直説法完全過去 不規則動詞 dar・ver・vir・pôr・poder

練習 1

(1) 私たちはその事件を見ました。
(2) なんで昨日働きに来なかったの、ブルーノさん。
(3) 彼女らはお金を銀行に預けた。
(4) 私は仕事がたくさんあるので行くことができませんでした。

練習 2

(1) Eles puseram os casacos e sairam.
(2) Os minhas amigas deram uma festa no domingo.
(3) A Ana trouxe presentes para toda a família.
(4) Tu viste televisão ontem à noite?

28. 不完全過去

練習 1

(1) 彼女は日曜日にはいつも家で片づけをしていた。
(2) 授業の後、私はカフェで時々勉強をしていた。
(3) 彼女は土曜日によく買い物に行っていた。
(4) 彼女はいつもコーヒーを飲むため3階まで上がっていた。

練習 2

(1) Eles saiam de casa as 8h00 e iam a pé para a escola.
(2) Depois da escola, eles brincavam no jardim.
(3) Enquanto eu via televisão, o meu pai lia o jornal.
(4) Antigamente morávamos em Lisboa.

29. 直説法現在完了

練習 1

(1) あなたはアナと話しましたか?
(2) 最近彼らはお金をたくさん儲けました。
(3) 私たちのチームはすべての試合に負け続けています。
(4) 今年は雨がたくさん降っています。

練習 2

(1) Ultimamente nós não temos visto o Tozé.
(2) Ultimamente não tenho ido ao café.
(3) Desde que o verão começou, tem feito imenso calor.
(4) Desde que o meu pai foi ao médico, tem estado melhor.

30. 直接目的語の代名詞

練習 1

(1) それを見るの?
(2) アナはそれらを欲しい。
(3) あなたはそれを持っていますか?
(4) 彼らを招待します。

練習 2

(1) Guardei-o na mala.
(2) Fui buscá-los à estação.
(3) Alguém te chamou.
(4) Já os vi.

31. 間接目的語の代名詞

練習 1

(1) Podes emprestar-mo?
(2) Já to mandei.
(3) Dá-mos.
(4) Mandei-lho.
(5) Dei-a ao Helder.
Dei-lhe a caneta.
Dei-lha.
(6) Mostrámo-la ao Cesar.
Mostrámos-lhe a casa.
Mostrámos-lha.
(7) Entregaste-as à professora?

Entregaste-lhe as canetas?
Entregaste-lhas

32. 再帰人称代名詞

練習 1

(1) 彼らは早く起きます。
(2) どこに傘を忘れたの?
(3) ブルーノは洋服を着替えた。
(4) 私は電車に携帯電話を忘れた。

練習 2

(1) Vocês deitam-se muito tarde?
(2) Alguém se esqueceu do livro?
(3) Ainda se lembra dele?
(4) Eles conhecem-se há muito tempo.

33. 比較級・最上級

練習 1

(1) その演説はあまり良くなかったが、以前より良かった。
(2) ポルトガルで一番大きい川は何ですか?
(3) このレストランは町で一番大きい。
(4) エルダーは非常に背が高い。

練習 2

(1) Eu sou mais pesada do que a minha irmã.
(2) O café está mais quente do que o leite
(3) A montanha Fuji é a mais alta do japão.
(4) Este é o restaurante mais caro de Toquio.

34. 関係詞

練習 1

(1) お祭りであった人は感じがよかった。
(2) 私が働いている事務所は中心街(繁華街)の近くです。
(3) タマと呼ぶ猫を飼っています。
(4) チョコレートが入っているケーキを食べた。

練習 2

(1) Aquela menina de quem lhe falei viajou para Paris.
(2) O restraurante onde foram era ótimo.
(3) A piscina onde fomos era muito grande.
(4) O livro que a Ana comprou é muito interessante.

35. 接続法

練習 1

(1) coma
(2) sintas
(3) tenham
(4) perca
(5) durmam
(6) ponha
(7) cheguemos
(8) fique
(9) esteja
(10) saibas
(11) deem
(12) seja
(13) vão
(14) esteja
(15) queiramos
(16) vá

練習 2

(1) あなたは(tu)医者に診てもらったほうがいい。
(2) 行かない場合は、私に電話してください。
(3) たとえ行きたくなくても、明日は学校に行かなければならないの?
(4) 明日授業がなければいいと思う。

練習 3

(1) Receio que o José esteja doente.
(2) Penso que nao va chover.
(3) Amanhã talvez neve.
(4) Para que tu consigas traduzir o texto, precisas de um bom dicionário.

36. 命令形

練習 1

(1) sé; seja; sejam
(2) dá; dê; deem
(3) traz; traga; tragam
(4) lê; leia; leiam
(5) está; esteja; estejam
(6) vem; venha; venham
(7) despe; dispa; dispam

練習 2

(1) não dês; não dê; não deem
(2) não vás; não vá; não vão
(3) não fales; não fale; não falem
(4) não comas; não coma; não comam
(5) não dispas; não dispa; não dispam
(6) não faças; não faça; não façam
(7) não digas; não diga; não digam

練習 3

(1) Não faça barulho.
(2) Venha com fato de ginástica.
(3) Encha a banheira com água quente.
(4) Não tires os sapatos.
(5) Não abram a janela.

単語リスト

A

a　その（定冠詞女性単数）
a　［方向・到達点］〜へ・〜に、［位置・場所］〜に・〜で 前
a　あなたを・彼女を・それを
à　a＋a（前置詞と定冠詞の縮合形）
a fim de que　〜するために
a menos que　〜するのでなければ
à noite　夜に
a partir de　〜から・〜以来・〜以降
a partir de hoje　今日から
a semana passada　先週
a semana que vem　来週
à tarde　午後に
aberto　開いている 形
abóbora 女　カボチャ
Abril 男　4月
abrir　開ける 動
acidente 男　事故
acontecer　起こる 動
acordar　起きる・目を覚ます 動
admitir　認める 動
advogada 女　（女の）弁護士
advogado 男　（男の）弁護士
agenda 女　手帳
agir　行なう 動
agora　今 副
Agosto 男　8月
agradecer　感謝する 動
agrafador 男　ホッチキス
agrafo 男　ホッチキスの針
água 女　水
aí　そこに 副
ainda　たとえ〜でも・なお・まだ・それでもなお 副
ainda que　たとえ〜しても
Alemanha 男　ドイツ
alemão　ドイツ人・ドイツ語・ドイツの
alface 女　レタス
alguém　誰か
alho 男　ニンニク
ali　あそこに 副
almoço 男　昼食
alto　高さが高い 形
amanhã　明日
amanhã à noite　明日の夜
amanhã de manhã　明日の朝
amarelo　黄色の・黄色い 形
ambos　両方の 形
americano　アメリカ人・アメリカの
ananáz 男　パイナップル
andar 男　（建物の）階
anel 男　指輪
ano 男　年・年齢
anteontem　おととい
anterior　前の・以前の 形
antigamente　昔・かつて・以前 副
ao　a＋o（前置詞と定冠詞の縮合形）
ao lado de　〜の横に
ao meio-dia　正午に
aonde　a＋onde（前置詞と疑問詞の縮合形）
aos　a＋os（前置詞と定冠詞の縮合形）
apetite 男　食欲
aprender　学ぶ 動
aquecer　温める 動
aquele　あれ・あの（aquele, aquela）
aqueles　あれら・あれらの（aqueles, aquelas）
aqui　ここに 副
aquilo　あれ
arquiteta 女　（女の）建築家
arquiteto 男　（男の）建築家
arroz 男　米
arrumar　整頓する・片づける 動

arte 女 美術
as それらの（定冠詞女性複数）
as あなたたちを・彼女らを・それらを
às a + as（前置詞と定冠詞の縮合形）
às vezes 時々
até 〜まで 前
atingir 〜に達する 動
atrás de 〜の後ろに
atraso 男 遅延・遅れ
atravessar 横断する・横切る 動
aula 女 授業
autocarro 男 バス
autor 男 著者
avó 女 祖母
avô 男 祖父
azul 青の・青い 形

B

bacalhau 男 タラ
baixo 高さが低い・浅い 形
banana 女 バナナ
bancária 女 （女の）銀行員
bancário 男 （男の）銀行員
banho 男 風呂
barato 値段が安い 形
barulho 男 騒音
batata 女 じゃがいも
beber 飲む 動
berinjela 女 ナス
bicicleta 女 自転車
boca 女 口
bolacha 女 ビスケット・クラッカー・クッキー
bolo 男 ケーキ
bom 良い（bom, bons, boa, boas） 形
bombeiro 男 消防士
bondoso 親切な・優しい 形
boneco 男 人形
bonito 綺麗な・素敵な・かわいい 形
borracha 女 消しゴム
braço(s) 男 腕
branco 白の・白い 形
Brasil 男 ブラジル
brasileiro ブラジル人・ブラジルの
brincar 遊ぶ 動
brinquedo 男 おもちゃ
broche 男 ブローチ

C

cabeça 女 頭
cabeleireira 女 （女の）床屋・美容師
cabeleireiro 男 （男の）床屋・美容師
cadeira 女 椅子
caderno 男 ノート
café 男 コーヒー
café com leite カフェオレ
cair 落ちる 動
caixa 女 箱
calças 女 （複数形で）ズボン
calor 男 暑さ
cama 女 ベット
camisa 女 シャツ
camisola 女 セーター
caneta 女 ペン
cansado 疲れた 形
caro 値段が高い 形
carro 男 車
carta 女 手紙
cartão 男 カード
cartão de crédito クレジットカード
carteira 女 財布・女性用のバック
casa 女 家
casaco 男 上着
casado 結婚している 形
casar-se com 〜と結婚する
caso 〜する場合には 接
castanho 茶色の・茶色い 形
catálogo 男 カタログ
catorze 14
cebola 女 玉ねぎ
cedo 早く 副
cem 100
cem mil 100,000
cenoura 女 ニンジン
cento e um 101
centro 男 中心街・繁華街
certo 正しい 形
chamar 呼ぶ 動

chamar-se　～という名前である・～と呼ばれる
chapéu 男　帽子
chave 女　鍵
chegar　到着する 動
cheio　いっぱいの 形
chinelos 男　（複数形で）スリッパ
chocolate 男　チョコレート
chorão　泣き虫の 形
chover　雨が降る 動
cinco　5
cinco mil　5,000
cinema 男　映画
cinquenta　50
cinquenta mil　50,000
cintura 女　腰
claramente　明らかに 副
classe 男　クラス
cliente 男　客
cobrir　覆う・包む・隠す 動
coelho 男　ウサギ
coisa 女　こと・もの
cola 女　のり
com　～と一緒に 前
comboio 男　電車・列車
começar　始まる 動
começar com＋名詞　～に着手する・～を開始する
comer　食べる 動
comigo　前置詞com＋eu
como　いかに・どのように
compra 女　買い物・買い物をする 動
comprido　長い 形
computador 男　コンピューター
comum　普通の 形
conhecer　知っている 動
conhecer-se　知り合いになる
connosco　前置詞com＋nós
conseguir　達成する・できる 動
consequir＋動詞の原形　～することができる
consigo　前置詞com＋você
construção 女　建築・建物
contanto que　～するならば・もし～ならば
contente　満足している・うれしい 形
contigo　前置詞com＋tu
conveniente　好都合な・便利な
convidar　招待する 動
convosco　前置詞com＋vocês
copo 男　コップ
cor-de-laranja　オレンジの 形
cor-de-rosa　ピンクの 形
coreano　韓国/朝鮮人・韓国/朝鮮語・韓国/朝鮮の
Coreia 女　韓国
corrigir　直す 動
costas 女　（複数形で）背中
crédito 男　貸付・信用
criança 女　子供
cru　生の 形
cruzeiro 男　クルーズ・船旅
cuecas 女　（複数形で）パンツ
curto　短い 形
custar　費用がかかる 動

D

da　de＋a（前置詞と定冠詞の縮合形）
daquela　de＋aquela（前置詞と指示代名詞の縮合形）
daquelas　de＋aquelas（前置詞と指示代名詞の縮合形）
daquele　de＋aquele（前置詞と指示代名詞の縮合形）
daqueles　de＋aqueles（前置詞と指示代名詞の縮合形）
dar　与える 動
dar ～ a　（人に）～を与える
dar para　～に向いている・～に面している・～に十分である
das　de＋as（前置詞と定冠詞の縮合形）
de　［所有・種類・材料］～の 前
de férias　休暇中で
de manhã　朝に・午前に
de quem　誰のもの
debaixo de　～の下に
decidir　決定する 動
decimo　第10の
decimo primeiro　第11の
dedo(s) 男　指

deitar-se　寝る・横たわる
deixar　やめる・捨てる 動
deixar de＋動詞の原形/名詞　～するのをやめる
deixar de fumar　禁煙する
dela　彼女の・彼女のもの
delas　彼女らの・彼女らのもの
dele　彼の・彼のもの
deles　彼らの・彼らのもの
delicioso　美味しい 形
dente(s) 男　歯
dentro de　～の中に
dentro de três dias　3日以内に
depois　後で 副
depois de　～の後に
depois de amanhã　あさって
descer　降りる 動
desculpa 女　容赦・勘弁
desde　～から・～以来 前
desde que＋文　～してから・～以来
desejar　望む 動
desenho 男　デザイン・図面・デッサン
despesa 女　支出・経費・出費
despir　脱ぐ 動
dessa　de＋essa（前置詞と指示代名詞の縮合形）
dessas　de＋essas（前置詞と指示代名詞の縮合形）
desse　de＋esse（前置詞と指示代名詞の縮合形）
desses　de＋esses（前置詞と指示代名詞の縮合形）
desta　de＋esta（前置詞と指示代名詞の縮合形）
destas　de＋estas（前置詞と指示代名詞の縮合形）
deste　de＋este（前置詞と指示代名詞の縮合形）
destes　de＋estes（前置詞と指示代名詞の縮合形）
dez　10
dez mil　10,000
dezanove　19
Dezembro 男　12月
dezesseis　16
dezessete　17
dezoito　18
dicionário 男　辞書
dieta 女　ダイエット
difícil　難しい 形
dirigir　運営する 動
discutir　議論する・討議する 動
distinguir　区別する 動
dizer　言う 動
do　de＋o（前置詞と定冠詞の縮合形）
documento 男　書類
doente　病気の 形
dois(duas)　2
domingo 男　日曜日
dor 女　痛み
dores de cabeça　頭痛
dormir　眠る 動
dos　de＋os（前置詞と定冠詞の縮合形）
doze　12
duas vezes por dia　1日2回
dum　de＋um（前置詞と不定冠詞の縮合形）
duma　de＋uma（前置詞と不定冠詞の縮合形）
dumas　de＋umas（前置詞と不定冠詞の縮合形）
duns　de＋uns（前置詞と不定冠詞の縮合形）
durante　～の間 前
duvida 女　疑い・疑惑
duvidar　疑う 動
duzentos　200

E

ela　彼女は
elas　彼女らは
ele　彼は
eleger　選ぶ 動
eles　彼らは
elevador 男　エレベーター
em　～に 前
em cima de　～の上に
em frente de　～の前に
embaixada 女　大使館
embora　たとえ～しても・たとえ～でも 接
empresa 女　会社
emprestar　貸す 動
encantador　魅力的な 形
encher　満たす 動
encontrar-se com　～と会う
enfermeira 女　（女の）看護師
enfermeiro 男　（男の）看護師
engenheira 女　（女の）エンジニア
engenheiro 男　（男の）エンジニア
entrada 女　入り口

entrar 入る 動
entre ～の間に 前
entregar 渡す 動
equipa 女 チーム
erguer 挙げる・立てる・建てる 動
errado 間違っている 形
erro 男 間違い
escada 女 階段
escola 女 学校
escola de arte 美術学校
escolher 選ぶ 動
escrever 書く 動
escrever a ～に手紙を書く
escritor 男 （男の）作家
escritora 女 （女の）作家
escritório 男 事務所
escuro 暗い 形
Espanha 男 スペイン
espanhol スペイン人・スペイン語・スペインの
esperar 期待する 動
espinafre 男 ホウレンソウ
esposa 女 妻
esposo 男 夫
esquecer 忘れる 動
esquecer-se de ～を忘れる
esse それ・この（esse, essa）
esses それら・それらの（esses, essas）
esta manhã 今朝
esta noite 今夜
esta semana 今週
esta tarde 今日の午後
estação 女 駅
estacionar ～を駐車する 動
Estados Unidos da America 男 アメリカ合衆国
estátua 男 銅像・彫像
este これ・この（este, esta）
estar いる・ある・～である 動
estes これら・これらの（estes, estas）
estômago 男 胃
estreito 狭い 形
estudar 勉強する 動
eu 私は
exercício 男 運動・練習
experiência 女 経験
extinguir 消す 動

F

fácil 簡単な 形
falar 話す 動
falar a ～に話しかける
falar com ～と話す
falar de/sobre ～について話す
falar em ～語で話す
família 女 家族
farmacêutica 女 （女の）薬剤師
farmacêutico 男 （男の）薬剤師
fato 男 背広、衣服
fato de ginástica 体操着
fazer する・作る 動
fechado 閉まっている 形
fechar 閉める 動
feliz 幸せな 形
felizmente 幸いにも 副
feriado 男 休日・祝祭日
férias 女 （複数形で）休暇
ferir 傷つける 動
Fevereiro 男 2月
ficar 留まる 動
filha 女 娘
filho 男 息子
filme 男 映画
fim 男 目的
fino 細い 形
fita adesiva 女 セロテープ
fome 女 空腹
fraco 男 弱者・弱い 形
frequência 女 頻度・頻繁・よく行くこと
frequentemente しばしば 副
frigorífico 男 冷蔵庫
frio 男 寒さ・寒い（形）
fumar たばこを吸う 動
fundo 深い 形
futebol 男 サッカー

G

galinha 女 鶏

ganhar 勝つ・稼ぐ・手に入れる 動
garagem 女 ガレージ・車庫
garrafa 女 ボトル・ビン
gastar 使う・浪費する 動
gato 男 猫
ginástica 女 体操・体育
gordo 太っている 形
gostar 好む 動
gostar de 〜を好む・〜が好きである
grande 大きい 形
gravata 女 ネクタイ
grosso 太い 形
grupo 男 団体・グループ
guarda-chuva 男 傘
guardar 保管する・しまう 動

H

há três dias 3日前
há＋時間を表す語 〜の間・〜の前
haver いる・ある 動
haver de＋動詞の原形 きっと〜するだろう・〜するつもりである・〜に違いない・〜しなければならない
hoje 今日 副
horário 男 時刻表

I

igreja 女 教会
imediatamente 速やかに・早く 副
imenso 巨大な 形
importante 重要な・必要な 形
incêndio 男 火事
infelizmente 残念ながら・残念なことに 副
Inglaterra 男 イギリス
inglês イギリス人・英語・イギリスの
inteligente 知的な 形
interessante 面白い 形
interessar-se por 〜に興味がある
inverno 男 冬
ir 行く 動
ir a 〜に行く（一時的）
ir para 〜に行く（長期的）
irmã 女 姉妹
irmão 男 兄弟
isso それ
isto これ

J

já すでに 副
Janeiro 男 1月
janela 女 窓
jantar 男 夕食
Japão 男 日本
japonês 日本人・日本語・日本の
jardim 男 庭
joelho(s) 男 ひざ
jogar ゲーム・スポーツなどをする 動
jogo 男 ゲーム・試合
jornal 男 新聞・ニュース
Julho 男 7月
Junho 男 6月

L

lago 男 湖
lamentar 嘆く 動
lanche 男 軽食・おやつ
lápis 男 鉛筆（単数・複数同形）
lapiseira 女 シャープペン
laranja 女 オレンジ
largo 広い 形
lavar 洗う 動
lavar-se （自分自身の体を）洗う
leite 男 牛乳
lembrar-se de 〜を思い出す
lentamente ゆっくりと 副
lento 遅い 形
ler 読む 動
levantar-se 起きる・起床する
leve 軽い 形
lhe あなたに・彼に・彼女に
ligar スイッチを入れる・電話をする 動
limão 男 レモン
limpo きれいな 形
livro 男 本
locutor 男 （男の）アナウンサー
locutora 女 （女の）アナウンサー
loja 女 店
luvas 女 （複数形で）手袋

M

maçã 女 リンゴ
madeira 女 木
mãe 女 母
magro 痩せている 形
Maio 男 5月
maior 形容詞grandeの比較級
mala 女 スーツケース
mandar 送る 動
manhã 女 朝・午前
manteiga 女 バター
mão(s) 女 手
maquina de lavar 女 洗濯機
marcador 女 マーカー
Março 男 3月
mas しかし 接
mau 悪い (mau, maus, má, más) 形
me 私を・私に
médica 女 (女の)医者
médico 男 (男の)医者
medo 男 恐れ・恐怖
meias 女 (複数形で)くつ下
melancia 女 スイカ
melão 男 メロン
melhor 形容詞bom・副詞bemの比較級
mês passado 先月
mês que vem 来月
mesa 女 机
mesmo 同じの 形
mesmo que たとえ〜しても
meu 私の・私のもの (meu, meus, minha, minhas)
mil 1,000
milho 男 トウモロコシ
mim com以外の前置詞＋eu
miúda 女 女の子
miúdo 男 男の子
moderna 現代の・現代的な 形
montanha 女 山
monte 男 山
morango 男 イチゴ
morar 住む 動
mostrar 見せる 動
mota 女 オートバイ
muito とても 副
música 女 音楽

N

na em＋a (前置詞と定冠詞の縮合形)
nadar 泳ぐ 動
não 〜ない・いいえ
naquela em＋aquela (前置詞と指示代名詞の縮合形)
naquelas em＋aquelas (前置詞と指示代名詞の縮合形)
naquele em＋aquele (前置詞と指示代名詞の縮合形)
naqueles em＋aqueles (前置詞と指示代名詞の縮合形)
nariz 男 鼻
nas em＋as (前置詞と定冠詞の縮合形)
nascer 生まれる 動
Natal 女 クリスマス
necessário 必要な・不可欠な 形
negar 否定する 動
nessa em＋essa (前置詞と指示代名詞の縮合形)
nessas em＋essas (前置詞と指示代名詞の縮合形)
nesse em＋esse (前置詞と指示代名詞の縮合形)
nesses em＋esses (前置詞と指示代名詞の縮合形)
nesta em＋esta (前置詞と指示代名詞の縮合形)
nestas em＋estas (前置詞と指示代名詞の縮合形)
neste em＋este (前置詞と指示代名詞の縮合形)
nestes em＋estes (前置詞と指示代名詞の縮合形)
neta 女 女の孫
neto 男 男の孫
nevar 雪が降る 動
ninguém 誰も〜ない
no em＋o (前置詞と定冠詞の縮合形)
nono 第9の
normalmente 通常は 副
nos em＋os (前置詞と定冠詞の縮合形)
nos 私たちを・私たちに
nós 私たちは
nosso 私たちの・私たちのもの (nosso, nossos, nossa, nossas)
notícia 女 ニュース・情報

nove　9
novecentos　900
Novembro 男　11月
noventa　90
novo　新しい・若い 形
nublado　くもった 形
num　em + um（前置詞と不定冠詞の縮合形）
numa　em + uma（前置詞と不定冠詞の縮合形）
numas　em + umas（前置詞と不定冠詞の縮合形）
nunca　決して〜ない 副
nuns　em + uns（前置詞と不定冠詞の縮合形）

O

o　その（定冠詞男性単数）
o　あなたを・彼を・それを
óculos 男　眼鏡（複数形で）
ocupado　忙しい 形
oitavo　第8の
oitenta　80
oito　8
oitocentos　800
olho(s) 男　目
ombro(s) 男　肩
onde　どこに
ontem　昨日
ontem à noite　昨日の夜
ontem à tarde　昨日の午後
ontem de manhã　昨日の朝
onze　11
orelha(s) 女　耳
os　それらの（定冠詞男性複数）
os　あなたたちを・彼らを・それらを
outono 男　秋
Outubro 男　10月
ouvir　聞く 動

P

pai 男　父
pais 男（複数扱い）　両親
pão 男　パン
pão com manteiga　バター付のパン
papel 男　紙
para　〜のために・〜に向けて 前
para＋動詞の原形　〜のために
para que　〜するために
parecido　似ている 形
partir　出発する・割る 動
passar　過ごす・送る 動
passar em＋名詞　〜に合格する
pato 男　カモ・アヒル
pé(s) 男　足
pedir　頼む 動
peito 男　胸
pela　por + a（前置詞と定冠詞の縮合形）
pelas　por + as（前置詞と定冠詞の縮合形）
pelo　por + o（前置詞と定冠詞の縮合形）
pelo　por + o（前置詞と定冠詞の縮合形）
pelos　por + os（前置詞と定冠詞の縮合形）
pena 女　哀れみ・同情
pepino 男　キュウリ
pequeno　小さい 形
pequeno almoço　朝食
pêra 女　洋ナシ
perder　失う・なくす 動
pergunta 女　質問
perna(s) 女　脚
perto　近くに 副
perto de　〜の近くに
pesado　重い 形
pescoço 男　首
pêssego 男　桃
pessoa 女　人
pijama 男　パジャマ
pintura 女　絵
pior　形容詞mau・副詞malの比較級
piscina 女　プール
plano 男　計画
poder　できる 動
por　〜のために・〜によって 前
pôr　置く 動
porque　なぜ
porta 女　ドア
portão 男　門
Portugal 男　ポルトガル
português　ポルトガル人・ポルトガル語・ポルトガルの
possível　可能な・あり得る・かもしれない 形

possivelmente　おそらく・たぶん 副
preciso　必要な 形
preferir　〜の方を好む 動
presente 男　プレゼント
preto　黒の・黒い 形
prima 女　従姉妹
primavera 女　春
primeiro　第1の
primo 男　従兄弟
professor 男　(男の) 教師
professora 女　(女の) 教師
profissão 女　職業
projeto 男　計画・企画
pronto　準備ができた 形
prosseguir　続ける 動
proteger　保護する 動
provável　ありそうな・可能性の高い 形
provavelmente　おそらく・たぶん・たいてい 副

Q

qual　どれが・どれを
quando　いつ
quanto　どれだけが・どれだけを・何人が・何人を・どれだけの
quarenta　40
quarta-feira 女　水曜日
quarto　第4の
quatro　4
quatrocentos　400
que　何が・何を・何の
quem　誰・誰が・誰を
quente　熱い・暑い 形
querer　欲する 動
quinhentos　500
quinta-feira 女　木曜日
quinto　第5の
quinze　15

R

rádio 男　ラジオ
rapariga 女　女の子・若い女性
rápido　速い 形
raramente　めったに〜ない 副
recear　不安に思う 動
reger　管理する・指揮する 動
regressar　戻る 動
régua 女　定規
relógio 男　時計
remédio 男　薬
residir　住む 動
responder　答える 動
responder a　〜に答える
rio 男　川
rosto 男　顔
roupa 女　衣類
rua 女　通り・道路

S

sábado 男　土曜日
saber　知る・知っている 動
saia 女　スカート
sair　外出する 動
sala 女　広間・居間・部屋
salgado　塩辛い 形
são　健康的な 形
sapatos 男 (複数形で) くつ
seguir　後をついていく 動
segunda-feira 女　月曜日
segundo　第2の
seis　6
seiscentos　600
sem　なしで 前
sem que　〜することなしに・〜でない場合
sempre　いつも 副
sentar-se　座る
sentir　感じる 動
sentir que　感じる
ser　〜である・〜だ 動
série 女　シリーズ
servir　飲食物を出す 動
sessenta　60
sete　7
setecentos　700
Setembro 男　9月
setenta　70
setimo　第7の
seu　あなたの・あなたのもの (seu, seus, sua,

suas)
sexta-feira 女 金曜日
sexto 第6の
si com以外の前置詞 + você
simpático 感じがよい 形
simples 単純な 形
sobre 〜について 前
sobremesa 女 デザート
sobrinha 女 姪
sobrinho 男 甥
sogra 女 義理の母
sogro 男 義理の父
sol 男 太陽・陽光
solteiro 男 独身者・独身の 形
sono 男 睡眠・眠り
sono pesado 熟睡
sono leve 浅い眠り
sopa 女 スープ
subir 上がる 動
sujo 汚い 形
sumo 男 ジュース・果汁
sumo de laranja オレンジジュース
supermercado 男 スーパーマーケット

T

talvez おそらく・たぶん 副
tapete 男 じゅうたん
tarde 遅く 副
te 君を・君に
telefonar 電話をする 動
telemóvel 男 携帯電話
televisão 女 テレビ
tempo 男 天気
ter 持つ 動
ter duvidas que 疑う
ter medo que 怖い
ter pena que 残念だ
terça-feira 女 火曜日
terceiro 第3の
terceiro andar 3階
terminar 終える 動
tesoura 女 はさみ
teste 男 テスト・試験
teu あなたの・あなたのもの (teu, teus, tua, tuas)
texto 男 文章
ti com以外の前置詞 + tu
tia 女 叔母
tingir 染める 動
tinto 着色した 形
tio 男 叔父
todas as semanas 毎週
todos os anos 毎年
todos os dias 毎日
todos os domingos 毎週土曜日
todos os meses 毎月
tomar 取る 動
tomar banho 風呂に入る
tomate 男 トマト
torneira 女 蛇口
trabalhar 働く 動
trabalho 男 仕事
traduzir 翻訳する 動
trazer 持ってくる 動
três 3
treze 13
trezentos 300
trinta 30
triste 悲しい 形
tu 君は
turma 女 クラス・組・同級生

U

ultimamente 最近 副
um ひとつの・ある (不定冠詞男性単数)
um milhão 1,000,000
um (uma) 1
uma ひとつの・ある (不定冠詞女性単数)
umas いくつかの (不定冠詞女性複数)
unha (s) 女 つめ
uns いくつかの (不定冠詞男性複数)
usar 使う 動
uva 女 ブドウ

V

vamos + 動詞の原形 〜しましょう
várias vezes 何回も
vário かなりの・いろいろな・多種多様な 形
vazio 空の 形

velho 古い・年をとっている [形]
vendedor [男] （男の）セールス
vendedora [女] （女の）セールス
vento [男] 風
ventre [男] 腹
ver 見る [動]
verão [男] 夏
verdade [女] 真実
verde 緑の [形]
vermelho 赤の・赤い [形]
vestir 着る [動]
vestido [男] ワンピース・ドレス
vez [女] 回
viagem [女] 旅行
vinho [男] ワイン
vinho branco 白ワイン
vinho tinto 赤ワイン
vinte 20
vinte e dois（duas） 22
vinte e um（uma） 21
vir 来る [動]
vir a ～に来る（一時的）
vir de ～から来る
vir para ～に来る（長期的）
visitar 見学する・訪問する・尋ねる [動]
viver 住む・生きる [動]
vizinho [男] 隣人
você あなたは
vocês あなた方は
voltar 戻る・帰る・再び～する [動]
voltar a falar 再び話す
voltar a fazer 再び作る
vos あなたたちを
vosso あなたたちの・あなたたちのもの（vosso, vossos, vossa, vossas）
zangado 怒っている [形]

著者紹介

カレイラ松崎 順子（カレイラまつざき・じゅんこ）

津田塾大学大学院文学研究科英文学専攻コミュニケーション研究言語教育修士課程・後期博士課程修了。東京学芸大学大学院連合学校教育学研究科論文博士号（教育学）取得。東京未来大学専任講師、ハワイ大学客員研究員を経て、現在、東京経済大学全学共通教育センター教授。「郷愁の国ポルトガルの料理を味わう」（朝日カルチャーセンター横浜）のセミナー講師。著書『CD BOOK しっかり学ぶポルトガル語』（ベレ出版）、『CD BOOK ポルトガル語会話フレーズブック』（共著、明日香出版社）など。

フレデリコ・ジョゼ・マルティンシュ・カレイラ（Frederico Jose Martins Carreira）

ポルトガルのポルト出身。目白大学エクステンションセンター「ポルトガル語講座」の講師を経て、現在「多文化多言語研究会」で「ポルトガル語会話」の運営・講師を担当。
著書『CD BOOK ポルトガル語会話フレーズブック』（共著、明日香出版社）。

音声の内容

ナレーター：フレデリコ・ジョゼ・マルティンシュ・カレイラ
収録時間：約59分36秒

●——カバー・本文デザイン　都井 美穂子
●—— DTP　株式会社文昇堂

[音声DL付] わかる！ ポルトガルのポルトガル語 基礎文法と練習

2022年 1月25日　初版発行

著者	カレイラ松崎順子／フレデリコ・ジョゼ・マルティンシュ・カレイラ
発行者	内田 真介
発行・発売	ベレ出版 〒162-0832　東京都新宿区岩戸町12 レベッカビル TEL.03-5225-4790　FAX.03-5225-4795 ホームページ　https://www.beret.co.jp/
印刷	株式会社文昇堂
製本	根本製本株式会社

ISBN 978-4-86064-680-6 C2087　編集担当　大石裕子